Sechs Jahre

Island

Die 2. Heimat

Solveig Wagner

Impressum

1. Auflage 2021

ISBN: 9783754379202

© 2021 Solveig Wagner

Autorin: Solveig Wagner, Reutlinger Str. 86, 70597 Stuttgart, Deutschland

Herstellung und Verlag: BoD – Books on Demand, Norderstedt

In diesem Buch werden Reisevorschläge gegeben, die auf individuellem Erleben beruhen. Sie ersetzen keinen Reiseführer und keine Informationen und Regeln von nationaler und internationaler Sicherheit. Die Umsetzung der Ideen in diesem Buch erfolgt auf eigene Verantwortung. Eine Haftung für Personen- und Vermögensschäden aller Art, die in direktem oder indirektem Zusammenhang mit den Informationen dieses Buches steht, wird ausgeschlossen. Mit dem Lesen dieses Buches erklären Sie sich damit einverstanden und verzichten auf jegliche Ansprüche gegenüber dem Verlag und der Autorin.

Ich widme dieses Buch

all jenen,

die mir auf Island begegnet sind.

Inhaltsverzeichnis

Klitzekleine Erläuterung!

Dieses Buch bedarf einer kleinen Erläuterung, wenn auch nur einer klitzekleinen. Hier ist sie:

Ich war ab Herbst 2004 bis Herbst 2010 auf Island, habe dort gelebt, gearbeitet und studiert und bin in den darauffolgenden beiden Jahren noch dreimal dorthin gereist. Seitdem war ich nicht mehr dort und verfolge die Geschehnisse auf der Insel nur noch online. Das bedeutet, dass das, was ich hier schreibe, sehr wohl veraltet sein kann – vieles hat sich sicherlich verändert, aber vieles ganz bestimmt auch nicht! Ich weiß es allerdings nicht!

Ich schreibe hier meine persönlichen Erfahrungen und Eindrücke aus meiner ganz eigenen Sicht nieder.
Sie mögen der Wahrheit entsprechen oder auch nur einer Sichtweise, die ich als Ausländerin und Auswanderin auf dieses Land habe.

Jedes Kapitel besteht aus einem **Allgemeinteil** (der natürlich auch ein wenig persönlich geprägt ist), und einem **persönlichen Teil** (der sowieso persönlich geprägt ist), so dass man das Buch nur allgemein oder nur persönlich lesen kann, wenn man das möchte – oder man nimmt es, wie es kommt!

Es ist ein Buch über Island, aber auch ein Buch über Heimat!
Es ist ein Buch über einige Eckdaten des Landes und über viel Leben und noch mehr Gefühl!

Ich wünsche dir beim Lesen so viel Spaß, wie ich beim Schreiben hatte!

Warum Island?

Allgemein

Warum zieht es einen nach Island? Ich habe mich das immer wieder gefragt, weil es doch bei vielen Menschen, denen ich begegnet bin, hoch oben auf der Reiseliste steht.

Ich kann diese Frage tatsächlich für andere Menschen nicht beantworten, hat doch sicherlich jeder einzelne von ihnen ganz persönliche Gründe für dieses Verlangen nach der Insel im hohen Norden. Für mich ist Island inzwischen eine zweite Heimat und ich kann diesen Flecken Erde nicht mehr unvoreingenommen betrachten, wie es vielleicht vorher der Fall gewesen wäre.

Warum also Island?

Ganz egal, warum! Darum!

Persönlich

Warum Island?

Warum 6 Jahre?

Wie komme ich auf eine solche Idee?

Gute Frage, denn eigentlich war es tatsächlich eine Sache des Zufalls!

Meine Voraussetzungen nach dem Abitur waren folgende: ich wollte eine Weile fort aus Deutschland! Ich wollte erst im Herbst los, ich hatte keine Idee und ich hatte kein Geld!

Eine kleine Broschüre über Arbeiten im Ausland vom Arbeitsamt pries mir einige Möglichkeiten an. Die meisten dauerten 6-8 Wochen, waren Feriencamps für Kinder oder Erntehilfsarbeiten für den Sommer. Beides kam für mich nicht in Frage und was danach aus der Broschüre noch übrig blieb, waren: Farmarbeit in Australien oder Farmarbeit auf Island!

Australien, dachte ich, ist für den Anfang ziemlich weit weg! Dann eben Island!

Ich wusste nichts über das Land und ich habe mich auch nicht kundig gemacht, bevor ich dort hin bin! Gar nicht!

Ich bewarb mich ins Blaue hinein. Mein Englisch war zu der Zeit ungefähr so gut, dass ich zwar einigermaßen antworten konnte, aber selbst nichts sagen. Ich verstand nicht einmal richtig, was ich für eine Stelle bekommen hatte: irgendetwas mit Blumen und in Reykjavik, der Hauptstadt. Farmarbeit war im Herbst nicht mehr nötig, sagten sie.

Mein Arbeitgeber besorgte mir eine Wohnung, also kümmerte ich mich um weiter nichts, als den Flug!

Ich hatte zu viel Gepäck und musste am Flughafen von meinem wenigen Ersparten 10kg extra bezahlen. Ich hatte vergessen, Geld zu tauschen und ich hatte kein Handy dabei!

Mein Leben war in einem 32-kg-Koffer verstaut und ich war auf dem Weg in ein Abenteuer, von dem ich nie gedacht hätte, dass es so lange andauern würde.

Im Flugzeug heulte ich 2 Stunden, auch am Flughafen schon. Ich weiß nicht, warum eigentlich, denn ich ließ ein Land, das ich eh für eine Weile satt hatte.

Am Flughafen in Keflavík wurde ich von der Sekretärin meines Arbeitgebers abgeholt. Sie hatte 2 Stunden warten müssen, weil ich eine falsche Uhrzeit angegeben hatte. Ich verstand kaum, was sie mir erzählte, lächelte, nickte und dachte nichts!

Sie brachte mich kurz in der Arbeit vorbei, gab mir 5000 isländische Kronen (vom Gehalt abgezogen) für den Anfang in die Hand und erklärte mir, welchen Bus ich am nächsten Tag nehmen sollte. Dann ließ sie mich in der Wohnung allein.

Es war Sonntag, Anfang September 2004!

Meine erste Zeit auf Island!

Papageientaucher.

Ankommen

Allgemein

Wenn man mit dem Flugzeug nach Island gelangt und das Glück hat, nicht in den Wolken oder in der Dunkelheit zu landen, dann erinnert die Landschaft vor dem Fenster beim Landeanflug sehr an einen unbekannten Planeten! Braun, schwarz, etwas gelb, eventuell sogar Rauch und keine Bäume und Felder, wie man es sonst von bewohnten Gegenden her kennt.

Ebenfalls bereits beim Landeanflug bemerkt man ganz oft, dass ein starker Wind herrscht. Die Piloten können hervorragend damit umgehen, aber es fällt eben auf – spätestens wenn man das Flughafengebäude verlässt!

Ganz wichtig aber, bevor man zum Gepäckholen geht, ist, dass man einen Abstecher in den Duty-Free-Shop macht. Island ist grundsätzlich teuer, aber vor allem der Alkohol! Es macht also Sinn, sich mit allem, was das Herz begehrt, einzudecken, bevor man seinen Koffer mit sich herumschleppen muss. Es fällt sofort auf, wer über dieses Einkaufsverhalten Bescheid weiß und wer nicht. Einheimische haben grundsätzlich fast immer das Maximum an Erlaubtem im Wagen, Touristen kaufen etwas zum Probieren!

Der Weg von Keflavík nach Reykjavik ist einfach, es geht fast nur geradeaus am Meer entlang! Wer keinen Leihwagen hat (was allerdings empfehlenswert ist), der kommt ohne weiteres mit den Flughafen-Bussen in die Hauptstadt!

Immer wieder sieht man Touristen per Rad oder per Anhalter – beides meiner Meinung nach nicht unbedingt ein Spaß auf Island, da das Wetter selten beständig gut ist! Aber manche brauchen auch das!

Was einem noch von Anfang an auffallen wird: das Land kostet Geld! Je nachdem woher man kommt, merkt man doch, dass man für alles ein klein wenig mehr ausgeben muss! Aber darauf hat man sich ja eingelassen, denn die wenigsten gehen so blauäugig los wie ich damals!

Persönlich

Da ich nicht vorbereitet war, hatte ich auch keinerlei Erwartungen und konnte so kaum enttäuscht werden. Ich habe keine Ahnung, ob das gut oder schlecht war, aber es war völlig in Ordnung so wie es war!

An meinem ersten Nachmittag lief ich die Gegend ab und suchte nach einer Gelegenheit, um Nahrungsmittel einzukaufen. Ich fand einen kleinen Laden mit überteuerten Lebensmitteln und gab über die Hälfte meines isländischen Geldes für Brot, Käse, Toilettenpapier, Waschmittel und Nudeln aus. Da ich das erste Mal komplett von zu Hause ausgezogen war, ärgerte ich mich, dass ich nun selbst für Toilettenpapier und Putzmittel aufkommen musste!

Die Wohnung lag im Dach, hatte einen großen Flur, zwei Zimmer und eine recht geräumige Küche, alles mit Dachschrägen. Der Herd stand direkt neben der Küchentür und jedes Mal beim Kochen ging der Rauchmelder los, bis wir ihn abnahmen.

Wir! Eine weitere junge Dame, die im selben Laden arbeitete, wohnte mit mir. Sie war ebenfalls aus Deutschland. Ein ausgesprochen hübsches Mädchen, Floristin, die eine Auszeit von ihrem damaligen Verlobten (?) brauchte und sich auf Island gleich weiter verliebte. Sie zerstritt sich bald mit unserem Chef und reiste schnell wieder ab... Einen Monat später zog eine weitere Deutsche ein. Mit ihr bin ich heute noch eng befreundet.

Gleich am ersten Tag fuhr ich umsonst Bus, weil man auf Island den Busschein passend bezahlen muss und ich natürlich kein Kleingeld und keine Ahnung hatte. Ich muss wohl sehr verzweifelt ausgesehen haben, dass ich trotzdem mitfahren durfte!

Die mir bis dahin unbekannte Arbeit bestand aus der Mithilfe in einer Blumengroßhandlung. Wir banden Sträuße für Supermärkte, machten große Sträuße für Anlässe und halfen beim Aus- und Einpacken. Eine Arbeit, bei der man abends, wenn man nach Hause ging, schön nach Blumen und Grünzeug duftete. Sehr angenehm!

Theoretisch ging die Arbeit bis 16 Uhr, aber immer wenn Blumenlieferungen kamen, blieben wir bis spät in den Abend, 20 Uhr oder länger. Diese Lieferungen kamen zwei Mal die Woche. Zusätzlich verlangte der Chef immer wieder Samstagsarbeit oder sonstige Überstunden: nur noch dieses eine Mal! Anschließend kamen die Weihnachts-Container voller Nadelzweige, die es auszuladen galt usw.

Ich hatte mir das Arbeiten etwas anders vorgestellt. Ich wollte schließlich auch etwas von Land und Leuten sehen und nicht nur Geld verdienen.

Das einzig Gute: alle Überstunden wurden bezahlt und ich hatte bereits im ersten Monat trotz des Abzugs für die Wohnungsmiete genug Geld fürs Leben!

Die Farben der Isländische Flagge: rot für das Feuer/Vulkane, weiß für die Gletscher und alles umgeben von blauem Meer.

Reykjavík

Allgemein

Reykjavík ist Islands Hauptstadt und beherbergt mit seinen angrenzenden Orten mehr als zwei Drittel der Gesamtbevölkerung der Insel (die insgesamt nur aus ca. 350.000 Einwohnern besteht).

Der Name der Stadt übersetzt sich ungefähr als „rauchende Bucht". Diese Bezeichnung stammt noch aus der frühen Zeit der Besiedelung, als die tektonischen Platten, die unter Island verlaufen, noch etwas weiter Richtung Reykjavík zusammenstießen und dort ebenfalls heißes Wasser zutage förderten. Jetzt zieht sich diese Berührungsstelle etwa mittig von Südwesten nach Nordosten schräg durch die Insel hindurch, da, wo derzeit die Vulkane ausbrechen. Inzwischen gibt es in Reykjavík nur noch einen aktiven Geysir neben der Aussichtsplattform „Perla" und, ich muss Sie enttäuschen, der ist nur eine Attrappe!

Reykjavik ist eine beschauliche Stadt, auch wenn sie Hauptstadt eines ganzen Landes ist. Man findet sich schnell dort zurecht und wenn man einmal verloren geht, dann läuft man hügelab bis zum Meer oder hügelan bis zur „Hallgríms-Kirche", die von weither zu sehen ist.

Direkt vor besagter Kirche thront ein imposanter Wikinger, Leifur Eiríksson, der wahre Entdecker Amerikas! Dieser tolle Kerl hat nämlich bereits um das Jahr 1000 n.Ch. herum, also VOR Kolumbus, Amerika betreten. Er wollte damals nach Grönland segeln, kam dabei vom Kurs ab und landete in Amerika! In manchen neuen Geschichtsbüchern wird er inzwischen wenigstens erwähnt! Die Isländer sind natürlich trotzdem mächtig stolz auf diesen Mann.

Wenn man nun in dieser schönen Kirche, deren Architektur den Basaltsäulen auf Island nachempfunden ist, den Turm hinauf fährt (Fahrstuhl), dann hat man einen wunderbaren Blick auf die Innenstadt von Reykjavík mit ihren bunten Häusern und Wellblechdächern.

Auf Island gibt es auf den Hausdächern nur Wellblech oder Torf,

(Spaß!!! Auf den Wohnhäusern gibt es keinen Torf mehr) weil Ziegel durch die Stürme schlicht nicht liegen bleiben würden.

Hallgríms-Kirche.

Blick vom Turm auf einen Teil der Innenstadt.

In Reykjavíks Innenstadt gibt es außer Touristenläden, die leider immer mehr werden, auch viele kleine Seitenstraßen mit Boutiquen, winzigen Cafés, Kunstlädchen und allerlei anderem zu entdecken. Irgendwo dazwischen tummeln sich immer mal wieder kleine Eckläden im Stil eines Kiosks, die oft 24 Stunden am Tag geöffnet haben. Diese Lädchen haben an fast jedem einzelnen Tag im Jahr geöffnet und neben lebenswichtigen Kleinigkeiten noch frische Hot-Dogs zu verkaufen und DVDs zu verleihen. Man gewöhnt sich sehr schnell an diese Läden und möchte sie nicht mehr missen!

Immer mal wieder wundert man sich über die großen Autos, denen man aus dem Weg gehen muss, Geländewagen und SUV in einem. Sicherlich braucht man einen ordentlichen Wagen im Gelände und auf dem Land, aber die Autos dienen auf Island, wie in vielen anderen Ländern auch, als Statussymbol. Da es auf Island keine Autobahnen gibt, wo man schnelle Autos ausfahren könnte und Tieferlegen außerhalb von Reykjavík wenig Sinn macht, wird der Status eben am besten, größten und stärksten Geländewagen gemessen.

Einige der tollen Gefährte fahren dann noch mit speziellen Nummernschildern herum. Da es keine Städtekennzeichen gibt (weil es einfach zu wenige Städte auf Island gibt), nehmen Wunschkennzeichen hin und wieder ganz lustige Ausmaße an (z.B. der Firmenname „T-REX“).

Diese und sämtliche andere Autos fahren die Isländer vor allem am Wochenende ganz gemütlich in der Stadt im Kreis. Früher vor allem über die Laugavegur (die Haupt-Innenstadt-Straße), die aber inzwischen meistens für Autos gesperrt ist. Es ist aber wichtig, mit dem Auto im Kreis zu fahren, denn man könnte (und tut das auch meistens) irgendwelche Bekannten dabei treffen, mit denen man kurz plaudert und die das Auto bewundern. Die Isländer haben ein eigenes Verb für dieses Hobby: rúnta- im Kreis fahren! Und dabei hat es keiner eilig.

Wer nicht im Auto unterwegs ist, hat andere Möglichkeiten Bekannte zu treffen. Zum Beispiel in einem der zahlreichen Cafés oder in einer Bar. Die meisten Einrichtungen sind sogar beides in einem, so dass ein Café oder Restaurant gegen Abend zu einer Bar oder sogar Disco umfunktioniert wird. Wenn man lange genug bleibt, erlebt man beides (ist aber teuer)! Um andere Menschen zu treffen, sind auch die „Hot-Pots" ganz fantastisch. (Ich verwende hier die englische Bezeichnung, da „heiße Badewanne /heißes Becken" einfach komisch klingt und die isländische Bezeichnung ohne Hintergrundwissen nicht auszusprechen ist). Diese whirlpool-ähnlichen warmen Becken gibt es in jedem Schwimmbad, meist in unterschiedlichen Temperaturen von 38°C – 45°C, sowie in Kinderschwimmbecken-Form. Zusätzlich gibt es natürlich ein großes Schwimmer-Becken, das meist auf 28°C geheizt ist. Die Schwimmbäder befinden sich fast alle im Freien, wie man es hier in Deutschland von manchen Thermalbädern her gewohnt ist und man kennt die regelmäßigen Besucher. In beinahe jedem Ort auf Island gibt es ein Schwimmbad und in Reykjavík selbst muss man selten mehr als 15 Minuten zu Fuß gehen, um eines zu erreichen! Wirklich genial!

Gewöhnungsbedürftig für manche Ausländer sind die Umkleiden. Die Geschlechter sind natürlich getrennt, die Menschen ziehen sich aber in langen Gängen nackt aus, laufen nackt zu den Duschen, seifen sich ab und schlüpfen dann erst in ihre Schwimmsachen, um ins Schwimmbad zu gehen! Es gibt oft Personal in diesen Räumen, das darauf achtet, dass man sich vor dem Betreten der Becken auch wirklich wäscht! Ich finde diese Vorgehensweise viel einfacher, als in den Schwimmbädern hier, wo man sich meist komplett umziehen muss, um zu den Duschen zu gelangen, wo man sich erneut aus- und anzieht – und beim Verlassen dann alles noch einmal in umgekehrter Reihenfolge! Komisch, oder nicht?

Nun fragt man sich ja, da Reykjavík an drei Seiten vom Meer umgeben ist, warum man nicht einfach dort badet? Ja, das geht tatsächlich: eine Stelle gibt es wo man Meerbaden kann, aber auch da gibt es den unverzichtbaren

Hot-Pot, um sich vorher und hinterher aufzuwärmen! Ansonsten ist das Meerbaden eher weniger zu empfehlen, weil es an fast allen Stellen nicht nur bitterkalt, sondern auch lebensgefährlich ist!

Und wo wir schon einmal beim Meer sind: Da das Wasser im Hafen von Reykjavík nicht sonderlich tief ist, wird er nur von kleineren, nicht so tief liegenden Schiffen angefahren und hat dadurch eine gemütliche Atmosphäre. Die großen Schiffe, wie Lastenschiffe oder Vergnügungsschiffe, landen etwas außerhalb der Hauptstadt an. Das Wasser in Reykjavíks Hafenbucht ist durch die geringe Tiefe etwas wärmer und beherbergt einige Tiere, so dass auch immer wieder Wale in den Hafen einschwimmen, die man direkt vom Land aus sehen kann.

Persönlich

Oh, was gibt es zu dieser Stadt zu sagen, die zu meiner zweiten Heimat geworden ist?

Ich habe immer in- oder ganz nahe an der Innenstadt gelebt und konnte von jeder Wohnung aus zu Fuß überall hin. Die Innenstadt hat die berühmte Postleitzahl 101. Die nette Gegend erstreckt sich dann noch auf 107/170 und 105 - und dann gibt es noch den Rest (der ist sicherlich auch nett, aber ich kenne ihn nicht, tut mir Leid)!

Ich liebe diese Stadt, weil sie so klein ist und gar nicht so sehr wie eine Hauptstadt wirkt, weil sie anders wächst, als andere Städte (in die Breite hat sie ja eh nur eine Richtung, wo es weitergehen kann) und weil manche Sachen so herrlich verzerrt wirken. Zum Beispiel, dass das Rathaus imposanter aussieht als das Parlamentsgebäude!

In meinen ersten Tagen in der Stadt wollte ich zu einem Konzert im Rathaus. Ich kannte mich noch nicht aus und bin ich geradewegs ins Parlament spaziert, das dort um die Ecke ist. Im ersten Stock hielt mich dann ein Security-Mann auf und fragte, was ich denn im Parlamentsgebäude wollte. Er wies mir ganz freundlich den richtigen Weg zum Rathaus.

See am Rathaus (Gebäude ganz rechts).

Am Hafen findet man die Fischfabriken, die Fischabfall-Verwertungs-Fabrik (das ist diejenige, die stinkt) und die neuen Cafés und Restaurants für die Touristen nebeneinander.

Direkt am Rathaus der schöne See, hinter dem eine der ältesten Straßen Reykjavíks liegt und auf dem im Sommer die Enten, Gänse und Schwäne herum paddeln. Im Winter wird das Eis zum Teil so hart, dass man mit Pferden (Spikes an den Hufen) darauf reiten kann.

Die Stadt hat das ganze Jahr über immer wieder tolle Feste zu bieten, im Winter, weil es dunkel ist, mit viel Licht und Musik und im Sommer viel im Freien, obwohl es auch dann immer noch kalt ist. Ein Besuch lohnt sich auf jeden Fall am Unabhängigkeitstag, dem 17. Juni, an dem gefühlt das ganze Land in der Innenstadt seine Freiheit feiert.

An ein Fest erinnere ich mich besonders, weil es mir damals irgendwie imponiert hat. Die Landsbanki, eine der großen Banken Islands, feierte ihr 200-jähriges-Jubiläum. Diese Feier war ungefähr so groß wie die Unabhängigkeits-Feier, die das Land veranstaltet! Die Bank stellte in der Hauptstraße einen 200m langen Schokoladenkuchen auf, von dem man umsonst essen konnte und verteilte Softdrinks und Würstchen an alle. Musik und Stimmung an jeder Ecke! Ich war ziemlich beeindruckt!

Ans Herz gewachsen sind mir die vielen Cafés, vor allem die Büchercafés, die sich in den ganz normalen Buchläden befinden und wo man sich ein paar Bücher zum Durchblättern oder Lesen nehmen kann.

Je nachdem wo man wohnt, hat man natürlich auch ein Lieblingsschwimmbad. Ich gehörte, nachdem ich die Schwimmbäder entdeckt hatte, zu den Dauergästen. Spätestens alle 3-4 Tage war ich dort anzutreffen, oft mit Freundinnen oder um Leute zu treffen, die ich von dort kannte und natürlich zum Schwimmen und Entspannen!

Was mir persönlich neu war, waren der Wind und die Wellen in Reykjavík. Ich liebe das Meer, aber gefühlt ist es dort selten, sehr selten wirklich ruhig und angenehm. Ich bin oft am Meer gesessen, aber selten lang und nie ohne mich vorher dick in einige Lagen winddichter Klamotten zu packen. Anfangs dachte ich noch, ich mache einfach Sport im Freien, gehe Joggen oder so. Ich habe auch immer mal wieder eine Weile durchgehalten, aber meist nur im Sommer, da man im Winter auf eisglatten Straßen gegen den Wind quasi auf der Stelle läuft... Immerhin habe ich mich innerhalb der Stadt ans Radfahren gewöhnt, was auch nicht sehr isländisch ist. Zugegebener Maßen war es oft auch alles andere als spaßig. Hin und wieder musste ich laut in den Wind schreien und fluchen, weil ich mich im kleinsten Gang gefühlt nicht von der Stelle bewegte, aber meistens musste ich hinterher dann doch lachen. Nur einmal habe ich das Rad stehenlassen und bin in den Bus umgestiegen! Das Schöne ist ja immer, dass man auf dem Rückweg dann umso schneller ist!

Reykjavík hat Charme, weil es eine Hauptstadt ist, die keine Hauptstadt ist, weil es klein und überschaubar ist, vielleicht auch einfach weil es isländisch ist? Oder auch, weil ich es so oder so liebgewonnen habe?!

Liebe 1. Teil

Allgemein

Gibt es in diesem Kapitel überhaupt einen allgemeinen Teil? Was kann ich sagen zur Liebe auf Island, wo sie doch vermutlich der Liebe überall auf der Welt ähnlich ist? Verrückt, wunderbar, bezaubernd, entrückend, überraschend und irgendwie nie vorhersehbar!

Ich werde es versuchen:

Die Isländer feiern gerne! Und sie haben gerne Sex! Unterscheiden sie sich dadurch vom Rest der Welt? Vermutlich nicht!

Sie sind recht offen – oder sind sie das? Ich kann hier nur meinen Eindruck schildern und der ist jedenfalls, dass das Ausgehen am Abend ein sehr wichtiger Teil der Kultur auf Island ist. Vorgeglüht wird bei Freunden oder zu Hause mit dem „billigeren" Alkohol aus den „Alkoholläden" (im

Supermarkt gibt es nur „Leicht-Bier"). Vor Mitternacht braucht man nicht „Downtown" zu gehen. Dann jedoch bilden sich schnell Schlangen vor den Bars, Kneipen und Discos, bei denen es nicht immer ganz unterscheidbar ist, ob die Menschen rauchen, reden oder anstehen oder einfach alles zusammen.

In Reykavíks Innenstadt zieht man gerne von einer Kneipe in die nächste. Selten bleibt man da, wo man angefangen hat und oft gehen dabei Teile der Gruppe verloren, werden kleiner oder neue Bekannte finden sich. Jeder geht so seiner Wege. Man trifft sich, man kennt sich, man hat Spaß zusammen.

Wer eine Kneipe verlässt, bekommt vom Türsteher sein Bier in ein Plastikglas umgeschüttet, so kann man es als Weg-Bier zur nächsten Kneipe oder nach Hause nutzen oder es scherbenlos ausversehen herunterfallen lassen. Isländer betrinken sich gerne. Gerne? Ich weiß nicht, aber sie tun es jedenfalls häufig, zu jeder denkbaren Gelegenheit und in jedem Alter. Trotzdem gibt es wenig Gewalt unter den Nachtschwärmern. Eine angenehme Sache. Allerdings werden die Isländer trotz allem recht schnell eifersüchtig. Ich kann das nur aus Sicht einer Ausländerin sagen und nur mit Referenzen zu meinen Freundinnen mit isländischen Beziehungen, aber es scheint sich durch sämtliche Beziehungen hindurch zu ziehen, dass die Männer außerordentlich eifersüchtig sind. Vielleicht aus dem einfachen Grund, weil sie wissen, warum?!

Island gilt als ziemlich freizügig, was Sex angeht und das bestätigt sich auch durch die vielen Kinder, die oft von verschiedenen Vätern gezeugt wurden. Vielleicht wird auch schlicht wenig verhütet? Oder den Isländern ist es egal? Es ist auf Island jedenfalls schon beinahe komisch, wenn man mit Mitte 20 noch keine Kinder hat!

Etwas befremdlich fand ich anfangs, dass ich mitten in der Nacht mehrfach zum Kaffee eingeladen wurde. Das ist die isländische Botschaft durch die Blume, dass man zum Geschlechtsverkehr nach Hause eingeladen wird!

26

Zur Liebe selbst bleibt wohl nichts zu sagen, denn die ist und bleibt individuell!

Teil meiner Lieblingsgegend Snæfellsnes.

Persönlich

Ich selbst habe mich recht schnell und ziemlich stark in einen Isländer verguckt (ich spreche von einem Mann und nicht von einem Pferd, wohlgemerkt!). Er befreite mich aus meinem ersten, sehr nervigen und anstrengenden Job in der Blumengroßhandlung und verhalf mir zu einer neuen Arbeitsstelle.

Die Isländer selbst sind anders als Deutsche: sehr viel spontaner, impulsiver, direkter – und dann ist da immer noch ein wenig Spannung: das Unbekannte, das unergründlich Andere!

Wenn ich zurückblicke, muss ich fast lachen, denn dieser Mann und ich hatten wirklich so gut wie nichts gemeinsam. Ich lernte durch ihn allerdings das isländische Leben kennen, da wir fast 3 Jahre zusammen waren. Isländer arbeiten viel. Oft haben sie sogar 2 Jobs, damit sie sich all das leisten können, was sie möchten. Bereits das ganz normale Leben ist dort bei Weitem nicht billig. Alles was Spaß macht, kostet viel, sei es Eis essen, Kegeln, Billard Spielen oder einen Trinken gehen. Jeder Sport, jeder Verein, für alles braucht man viel Geld. Wenn man dann noch ein paar Statussymbole, die auf Island wichtig sind, haben möchte, zum Beispiel ein großes Auto und ein Eigenheim mit 20 Jahren, dann kommt man aus dem Arbeiten nicht mehr heraus!

Meine Beziehung zu diesem Isländer wurde auf Englisch gegründet und hat sich in all der Zeit sprachlich nicht verändert. Wenn man sich in einer Sprache verstehen lernt, wird es schwierig, diese zu ändern!

Er hatte eine Tochter, damals 3 Jahre alt, die jedes zweite Wochenende theoretisch bei uns war und dann rigoros bespaßt wurde (Zoo, Shoppen, Essengehen usw.) oder zu Oma durfte. Ich habe in ihm weniger einen Vater kennengelernt, als ich erwartet hatte! Er wirkte nie so „gebunden" durch sein Kind, wie es bei Alleinerziehende in Deutschland oft der Fall ist. Materielles ist den Isländern wichtig und Konsum wird hochgehalten. Familien gehen am Sonntag gemeinsam im Einkaufszentrum bummeln und shoppen (hat sonntags auch geöffnet). In Kinos braucht jeder das volle Programm mit Popcorn, Tortillas und Süßgetränk und vor dem Billard-spielen geht man noch irgendwo etwas essen.

Zum Sparen bleibt da nicht viel übrig! Aber ist das nötig? Vielleicht ist mir das als Schwabe auch anerzogen worden, wer weiß! Meine Sparsamkeit hat mir jedenfalls nach dieser Beziehung geholfen, eine neue Wohnung zu finden.

Aus dieser Beziehung sehr lustig habe ich in Erinnerung, dass mein Ex mit mir nach Deutschland kam und im Garten meiner Eltern das erste Mal in seinem Leben Ameisen, Frösche und Schnecken zu sehen bekam. Auch als wir im Zoo waren, hing er an den Käfigen, wie die Kinder, die das erste Mal einen Tiger sehen. (Der isländische Zoo hat nur heimische Tiere und Haus-tiere).

Meine drei Jahre mit dem Isländer waren hart: materiell und emotional. Ich wurde emotional und verbal immer wieder unter Druck gesetzt und lernte erst viel zu spät, mich aus dieser Beziehung zu befreien. Eigentlich war ich nie wirklich glücklich mit ihm, aber ich habe sehr viel daraus ge-lernt! Immerhin!

Wenn ich heute zurückdenke, schüttele ich nur den Kopf, aber wer tut das nicht über Verflossene?!

Arbeit 1. Teil

Allgemein

Egal, wo man auf Island arbeitet, man hat gewerkschaftliche Verträge. Damit hat man, wie auch in Deutschland, jede Menge Vorteile. (Urlaubs-und Weihnachtsgeld, mehrbezahlte Überstunden, automatische Lohnstei-gerungen bei einem Universitätsabschluss, sowie finanzielle Hilfen bei Sport und diversen Kursen). Wem für den geplanten Urlaub noch etwas

Kleingeld fehlt, der macht vorher noch ein paar Überstunden! So einfach ist das!

Ich habe kürzlich gelesen, dass Island die 4-Tage-Woche einführt bzw. denselben Lohn für weniger Stunden. Weil ein Pilotprojekt in dieser Richtung so erfolgreich war, möchte man es landesweit anwenden. Das Land ist klein genug für solche Experimente und vielleicht schauen sich andere Länder etwas ab, wer weiß? Oder aber die Isländer nehmen dann einfach noch eine dritte Stelle an, weil sie Zeit dafür haben?

Für ungelernte Arbeitskräfte, wie ich es damals war, ist der Wechsel von einer Arbeitsstelle zur nächsten meist problemlos möglich. Ich habe nie eine Ahnung gehabt, was in meinen Verträgen stand, aber wenn ich von einer Stelle fort wollte und in einer anderen anfangen, war das immer binnen weniger Tage möglich!

Man bekommt allerdings kein Zeugnis zum Abschluss. Ich habe mir einmal eines anfertigen lassen, als ich nach Deutschland zurückging, aber es war kläglich. Stattdessen teilt man der neuen Arbeitsstelle mit, wo man vorher gearbeitet hat und hinterlässt ggf. eine Telefonnummer. Der neue Arbeitgeber fragt gegebenenfalls direkt beim alten Arbeitgeber nach, wie man sich so verhalten hat. Ich selbst wurde nie nach den Namen oder Nummern meiner ehemaligen Arbeitgeber gefragt, aber manchmal nach der Firma. Dieses System hat durchaus auch Nachteile, denn sobald man mit seiner Firma nicht im Guten auseinander gegangen ist, wirkt sich das eventuell negativ auf kommende Arbeitsstellen aus.

Im Sommer haben die isländischen Kinder und Jugendlichen – und auch die Studenten – 3 Monate Sommerferien. Diese werden allerdings nicht nur zum Faulenzen und Spielen genutzt. Früher mussten natürlich alle auf den Bauernhöfen mithelfen und diese Arbeit als sogenannte „Sommerkinder" (isl. sumarkrakkar) hat sich bis heute gehalten: Jugendliche werden im ganzen Land über die Sommermonate als Ferienaushilfen eingesetzt, um die normalen Arbeiter in ihren Sommerurlauben zu ersetzen. Das Lustige ist, dass man diese „Sommerkinder" sogar auf Ämtern findet, so dass dort oft ernste Anfragen oder wichtige Meldungen irgendwo im Sand verlaufen, weil die momentanen Arbeiter einfach nicht gut genug eingelernt wurden oder aber schlicht keinen Zugriff auf alles haben. Wer also wichtige Dinge schnell erledigt haben möchte, sollte das nicht unbedingt im Sommer planen.

Wer auf Island Arbeit finden möchte, der findet etwas, auch wenn er keine Vorbildung in irgendeine bestimmte Richtung hat. Wer die Isländische Sprache lernt und außerdem noch fleißig ist, der kann sich in seinem Arbeitsplatz sehr gut nach oben arbeiten – ebenfalls ohne Vorbildung. Das ist etwas sehr schönes, finde ich, weil es bedeutet, dass Menschen, die (aus welchen Gründen auch immer) keine Ausbildung haben, dennoch beweisen dürfen, dass sie etwas können und das auch so gut und so zuverlässig, dass man ihnen leitende Stellen anvertraut. Es ermöglicht auch Einblicke in bisher unbekannte Arbeitsfelder oder einen kompletten Neuanfang für Menschen, die sich irgendwann einmal umorientieren möchten.

Persönlich

Einen ersten Teil gibt es, weil ich danach endlich Isländisch gelernt habe! Wie bereits erwähnt, begann mein Arbeitsleben in einer Blumengroßhandlung. Dort ging es vor allem um Handlangerarbeiten, Lagerarbeiten und hin und wieder auch um das Bedienen von Kunden, wenn Not am Manne war. Allerdings bin ich dort keine 3 Monate geblieben, da ich mit den Arbeitszeiten einfach nicht klar kam („nur noch diesen Samstag…").

Da ich über eine Agentur nach Island gekommen war, bestand mein erster Schritt darin, diese anzurufen und nachzufragen, ob es noch eine andere Möglichkeit gäbe, mich zu beschäftigen. Da die Agentur allerdings vor allem an Bauernhöfe vermittelte und es inzwischen tiefster Winter war, gab es keine Alternative. Die Dame am Telefon meinte außerdem, ich hätte ja einen Vertrag und wenn ich nicht rausgeworfen würde, könnten sie nichts weiter für mich tun!

Da ich sonst keine andere Möglichkeit sah und nicht sofort wieder nach Deutschland zurück wollte, sprach ich in der Stadt beim Ausgehen abends einfach Menschen an, die mir begegneten. Kneipen wollten mich nicht einstellen, da ich kein Isländisch sprach, aber lustiger weise wurde ich trotzdem recht schnell fündig. Ein Isländer, der in einer Fischfabrik arbeitete, bot an, sich für mich zu erkundigen.

Ich dachte, er würde das nur so sagen, aber er hatte bereits am nächsten Tag ein Vorstellungsgespräch für mich organisiert. Zwei Wochen später begann ich, in der Fischfabrik zu arbeiten, wurde aus meiner Wohnung geworfen (die ja von der ersten Stelle organisiert worden war) und zog bei besagtem Isländer ein.

Wenn ich Fischfabrik schreibe, halten Sie sich sicher bereits die Nase zu! Das war auch mein erster Gedanke: „Wenn ich zum Vorstellungsgespräch gehe und den Gestank nicht ertrage, arbeite ich dort nicht!". Allerdings riecht es wirklich nur minimal nach Fisch dort, da alles frisch und in Eis gelegt direkt vom Meer kommt, sofort verarbeitet wird und anschließend eingefroren bzw. wieder auf Eis gelegt wird. Das, was stinkt, sind die Fabriken, die den Fischmüll weiter verarbeiten, 2 Straßen weiter.

In der Fabrik war ich über ein halbes Jahr und begann als Fließbandarbeiterin. Ich filetierte 8 Stunden am Tag Fisch und hörte Radio über meine Kopfhörer. Dass ich für so etwas nicht gemacht war, war mir schnell klar. Ich bat um andere Arbeit und wurde an Maschinen eingesetzt, an denen die Arbeiter rotieren und in ca. stündlicher oder halbstündlicher Taktung ihren Arbeitsplatz und ihre Tätigkeit wechseln. Auch das ging nicht lange gut und durch meine Hartnäckigkeit oder auch den guten Stand meines Freundes in der Fabrik wurde ich schließlich zum Gabelstapler-Fahrer ausgebildet.

Hafen von Reykjavík. Die Fischfabriken befindet sich hinten rechts im Bild.

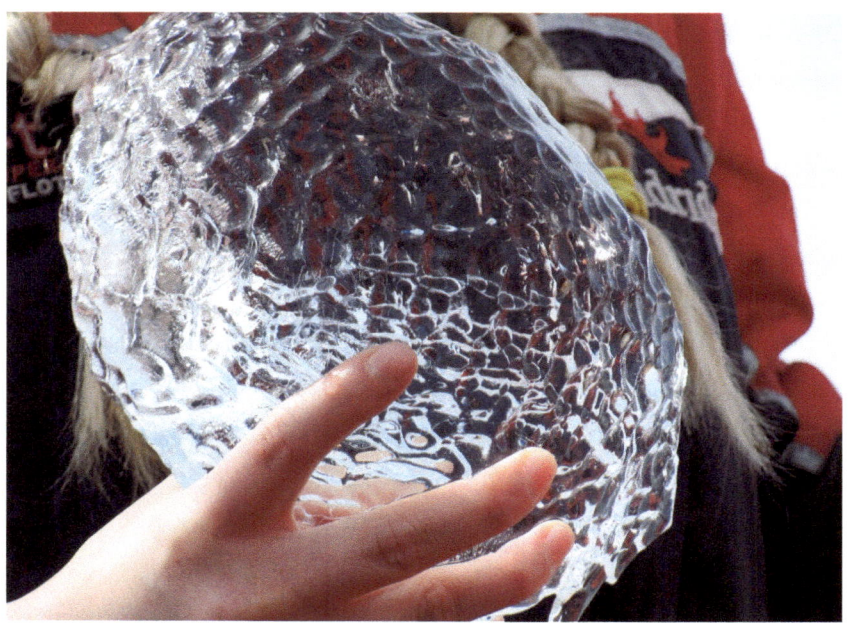
„Sommerkind" als Guide auf der Gletscherlagune beschäftigt: das Gletschereis ist das beste Eis für den Whiskey, erzählt sie.

Mir machte das tatsächlich großen Spaß und eigentlich hätte ich den Führerschein dort noch gemacht, aber für 3 Arbeiter, die fortgingen, wurden nur eine Person samt mir neu eingestellt/eingelernt. Mir wurde es schlicht zu stressig! Ich sprach dieses Problem an, aber die dritte Person wurde abgelehnt, da wir das Arbeitspensum zu zweit bewältigen konnten. Eine Woche später hatte ich wieder eine neue Arbeitsstelle!

Dieses Mal ging ich Post austragen. Ich hatte 2 Gebiete in der Nähe und sortierte morgens die Post, packte alles samt Zeitungen und Werbung in einen Ziehwagen und trug es aus. Eine schöne Arbeit mit viel frischer Luft und Bewegung. Allerdings war ich oft bereits früh am Nachmittag fertig. Ich arbeitete viele Überstunden, dennoch langweilte ich mich mit der Zeit. Ich fing an, nebenher Anglistik zu studieren.

Da mir ständig das Geld ausging, trug ich zusätzlich früh morgens noch Zeitungen aus und fuhr abends noch Päckchen. Die Arbeit bei der Post lief neben der Universität ziemlich gut, da ich keine festen Arbeitszeiten hatte und vor oder nach den Lesungen gut arbeiten konnte.

Was ich auf Island sehr schön fand, war, dass alle Arbeitsstellen für ihre Angestellten mehrmals im Jahr etwas organisierten. Es gab ein- bis zwei-mal im Jahr einen Ausflug, der voll bezahlt wurde. Es gab jedes Jahr ein großes Jahresfest mit üppigem Essen und Trinken, sowie Tanz, Musik und viel guter Laune. Alles war sehr persönlich.

Ich reiste in dieser Zeit oft und lange: mehrmals im Jahr nach Deutschland und ebenfalls in andere Länder. Durch unbezahlten Urlaub und viele Überstunden waren diese Reisen problemlos möglich. Meine Chefin wuss-te Bescheid und kalkulierte es mit ein!

Bei der Post blieb ich tatsächlich ca. 2 Jahre, weil es sich so gut mit mei-nem Studium vertrug und ich viel draußen war.

An Bewegung fehlt es mir in dieser Zeit nicht, denn bei den Isländern hän-gen die Briefkästen selten am Hauseingang und auch die meisten Keller sind bewohnt. Oft läuft man bei einem Haus zu drei Eingängen an drei Seiten, um die Post einzuwerfen. Um zu kennzeichnen, in welchem der Eingänge der Adressat lebt, gibt es auf Island Adresszusätze, welche die

Himmelsrichtung anzeigen. Hinter Straße und Hausnummer steht dann zum Beispiel noch „nach Süden". Diese Orientierung habe ich nie gemeistert, aber man kennt seine Straßen meist sehr schnell auswendig und weiß, wer wo wohnt. Lustig ist auch, dass es viele Namen sehr häufig gibt. Manchmal kommt es dann vor, dass Menschen mit demselben Vor- und Vatersnamen zweimal in einem Haus leben und man nie weiß, wem man nun den Brief des anderen eingeworfen hat. Dies regeln die Betroffenen aber problemlos untereinander.

Was ich nie verstanden habe: da viele Briefschlitze direkt ins Haus gehen, gibt es nicht wenige Hunde, welche die Post entgegennehmen und das meist nicht sehr freundlich. Sind diese Briefe noch lesbar? Warum baut man nicht einen Kasten dahinter? Aber auf manche Fragen muss man keine Antworten finden, habe ich gelernt!

Wohnen/Umzüge

Allgemein

Wohnen in Reykjavík ist teuer! Egal, ob man mietet oder ob man kauft. Isländer kaufen gerne und möglichst früh. Ein Eigenheim zählt zu einer Errungenschaft und WGs habe ich eher mit Ausländern kennengelernt, wobei die Isländer das auch mehr und mehr für sich entdecken.

In der Stadt ist es ähnlich, wie in deutschen Städten auch. Man kennt seine Nachbarn wenig bis gar nicht.

Grundsätzlich aber wird auf Island alles vermietet, was vermietbar ist. Das heißt, man baut nicht genutzte Garagen oder Keller zu kleinen 1-Zimmer-Wohnungen aus oder vermietet winzige Dachkammern, wo es nur Toilette und Waschbecken gibt (oft auf dem Gang und mit anderen geteilt). Ein Schwimmbad zum Duschen ist schließlich immer in der Nähe!

Kleinere Wohnungen werden oft möbliert vermietet, weil die Besitzer für ein paar Jahre ins Ausland gehen und nichts mitnehmen möchten. Viele der kleinen Wohnungen laufen unter der Hand, ohne Vertrag, mit sämtlichen Vor- und Nachteilen.

Vermietet wird auch immer äußerst kurzfristig, was meist sehr viel Stress bedeutet, da man innerhalb eines Monats kündigen UND eine neue Wohnung suchen muss. Ich wusste nur bei einer meiner vielen Wohnungen einen Monat im Voraus, wo ich leben würde!

Erst einmal eigentümlich, dann aber schwer abzugewöhnen ist die Tatsache, dass man die Wärme in der Wohnung über das Öffnen der Fenster reguliert. Die Heizungen sind immer aufgedreht und wenn es zu warm ist, lässt man etwas kalte Luft von draußen herein. Wenn es draußen mal etwas wärmer ist, bleibt das Fenster einfach den ganzen Tag über offen, während die Heizung munter weiter läuft!

Persönlich

Alles in Allem bin ich in meinen 6 Jahren in Reykjavík 12 mal (!) umgezogen! Die Gründe waren vielfältig, wie zum Beispiel der Rauswurf aus meiner ersten Wohnung, weil ich meine Arbeit gekündigt hatte. Einmal lebte ich in der Garagenwohnung einer Chefin, deren Tochter in Amerika war. Die Tochter beschloss allerdings kurzerhand nach 3 Monaten, wieder zurück zu kommen und wir mussten wieder ausziehen. Ein weiterer kurioser Fall war, als ich in einer recht großen WG lebte. Wir waren 10 Menschen auf 3 Stockwerken. Das war 2008 als die Finanzkrise über Island hereinbrach. Die 4-köpfige-Familie, der das Haus gehörte, verlor ihre eigene Wohnung und zog kurzerhand zu uns in die WG: ins Wohnzimmer! Da es dadurch viel zu eng wurde (es gab nur eine kleine Küche), zogen wir zwischenzeitlich in die Garagenwohnung um. Bis wir etwas anderes gefunden hatten, dauerte es allerdings noch einmal fast ein halbes Jahr!

Ich wohnte all die Jahre in der Innenstadt mit der Postleitzahl 101 oder 107 oder an den Rändern direkt daneben in 105. Ich liebte es, in Stadtnähe zu sein, zu Fuß oder mit dem Rad zur Arbeit zu gelangen und an allen Festivals und Veranstaltungen teilnehmen zu können, ohne mit dem Taxi nach Hause zu müssen!

Hier überall habe ich in Reykjavík gewohnt.

Eine der Garagen, in denen ich wohnte.

Ich kam und ging mit fast identisch schwerem Gepäck, abgesehen von einem Paket Unibücher, das ich zwischenzeitlich nach Deutschland geschickt hatte. Durch meine vielen Umzüge konnte ich immer alles, was ich besaß in 2 Fahrten meines VW-Golf-3 packen: Bett, Schreibtisch und alles andere mit eingerechnet. Es wurde nie mehr, auch wenn ich in unmöblierte Wohnungen zog.

Eine meiner seltsamsten Wohngelegenheiten war eine Dachkammer, die ich mit meinem isländischen Freund und einer Katze zusammen bewohnte. Die Dachschräge nicht eingerechnet, maß diese Behausung ca. 3x3,5m. Wir hatten ein zusammenklappbares Bett, 2 Schreibtische und Stühle, einen Mini-Kühlschrank und ein Mini-Regal, auf dem eine Kochplatte stand. Die Besitzerin hatte im 1. Stock eine eigene Wohnung, in der sie aber nur ein paar Monate im Jahr lebte. Sie gestattete uns hin und wieder die Dusche zu nutzen, meinte aber, wir sollten ansonsten ins 10-Minuten entfernte Schwimmbad gehen. Eine Toilette und ein Waschbecken lagen auf dem Gang und wurden von einem weiteren Pärchen nebenan mit benutzt. Wir nutzten die Dusche in der Wohnung sehr selten, weil wir nie wussten wann die Besitzerin da war und weil sie ihre Wohnung ab und an auch an Verwandte vermietete. So kam es dann auch einmal dazu, dass ich unter der Dusche stand, als die Türe aufging und fremde Leute kamen, die nicht weniger erstaunt waren, als ich. Eine seltsame Situation, über die ich heute immer noch sehr lachen muss. Es klärte sich alles auf, aber man möchte das nicht ständig erleben.

Meine Katze schaffte es einmal aus dem Dachfenster zu klettern und zu verschwinden. Ich malte mir schon aus, wie sie tot am Boden lag bei 6 Stockwerken, denn das Fenster lag direkt in der Dachschräge. Die Katze jedoch war unauffindbar. Zwei Tage später hörte ich ein klägliches Miauen und wir fanden sie auf der Gegenseite des Hauses in der Dachrinne sitzen. Sie war in die Rinne gerutscht und darin ums Haus spaziert. Mit Hilfe der Nachbarn, von deren Dachfenster wir eine Jeanshose nach unten hängen ließen, konnte sie sich an die Hose krallen und wir konnten sie wieder zu uns hochziehen! Glück gehabt!

Ein andermal lebte ich in einem Kellerraum ohne echte Fenster. Er besaß ein Fensterlein, das in einen Lüftungsschacht hineinragte und somit eine Betonwand als Horizont bot. Die Wohnung hatte einen kleinen extra Küchenraum (ohne Fenster) und die Dusche befand sich auf dem Gang. Der Besitzer lebte unter dem Dach und meinte, ihm sei egal, was da unten los sei, solange sich die Nachbarn nicht beschwerten und ich keine Pferde halten würde. Ihn selbst fand ich immer bei zugezogenen Vorhängen und Video schauend vor, wenn ich ihm die Miete nach oben brachte.

Essen

Allgemein

Ich weiß, jeder Mensch hat ganz eigene Essgewohnheiten, aber hin und wieder lassen sich einige der Besonderheiten auch verallgemeinern. Einige Nahrungsmittel und Bräuche auf Island sind gewöhnungsbedürftig, andere sind super.

Wichtig zu wissen ist, dass die Isländer noch nicht sehr lange eigenes Obst und Gemüse anbauen und sich daher traditionell von dem ernährten, was es dort gab: nämlich viel Fisch, wenig Fleisch und kein Gemüse!

Fisch zählt nach wie vor zu den Hauptnahrungsmitteln und ist super lecker, da frisch vom Meer. Fisch gibt es tatsächlich in allen denkbaren Variationen, an die man sich als Ausländer zum Teil etwas gewöhnen muss. Trockenfisch gehört zu den besonderen Leckereien der Isländer und am liebsten wird er mit einem Stück Butter bestrichen und einfach geknabbert. Man kann diese fertigen Packungen mit 2 Stück Fisch, Butter und Plastikmesser im Supermarkt oder auf dem Markt kaufen und direkt verzehren.

Grönlandhai ist eine weitere außergewöhnliche Form des Fisch-Essens.

Der große Fisch ging früher hin und wieder ausversehen ins Netz und wird mittlerweile kommerziell gefischt. Er besitzt keine Harnblase und ernährt sich von Aas. Wenn er frisch gefangen ist, enthält er so viele Giftstoffe, dass er für uns Menschen nicht essbar ist. Allerdings lassen die Isländer nichts verkommen und haben ein Mittel gefunden, den Hai genießbar zu machen. Er wird 4-6 Wochen vergraben und fermentiert, und dann noch einmal so lange an der frischen Seeluft zum Trocknen aufgehängt. Danach ist er essbar! Wenn man ihn allerdings zu lange in geschlossenen Schälchen transportiert (zum Beispiel zum Markt) und dann essen möchte, bekommt er einen recht widerlichen Geruch, mit dem man gerne die Touristen verstört! Frisch vom Erzeuger ist es allerdings kein Problem!

Isländer essen auch Wal, eine umstrittene Geschichte – auch innerhalb des Landes. Ebenso, wie das Verzehren von Papageientauchern.

Insgesamt isst man auf Island auch sehr, wirklich sehr gerne Fleisch! Als ich einigen Isländern erzählte, dass meine Freundin aus Deutschland Vegetarierin sei, wurde einfach ein Hühnchen für sie auf den Grill gelegt! In meinen 6 Jahren dort habe ich sage und schreibe **eine** isländische Vegetarierin kennengelernt. Sicherlich gibt es mittlerweile auch viele mehr.

Das beste Fleisch, meiner Meinung nach, ist das Lamm, denn die Schafe springen fast das ganze Jahr in der Wildnis umher und fressen leckere Heidekräuter. Natürlich gibt es auch ganz normale Massentierhaltung auf Island, denn Rind, Schwein und Geflügel kommen ebenfalls gern auf den Teller. Auch Pferd steht auf dem Speiseplan und ist im Supermarkt erhältlich, denn auch von diesen Tieren gibt es viele und auch sie sind fast immer im Freien!

Würstchen sind etwas rar, außer der Bockwurst/Saitenwurst, die auf Island Pylsa (sprich: Pülsa) heißt und von einer Firma mit dem Namen „SS" (**S**chlachthaus **S**üden) hergestellt wird. Sie ist sehr beliebt und wird auch jedem Tourist vorgesetzt: mit Ketchup, Senf, Mayonnaise, rohen und gerösteten Zwiebeln in einem Brötchen!

Grönlandhai beim Trocknen am Gestell im Freien.

Auch die Papageientaucher werden gegessen.

Isländisches Wasser direkt vom Gletscher: lecker!

Auch Lamm gehört zu den isländischen Delikatessen.

Ungewohnt für mich waren auch die Süßigkeiten. Lakritz, das ich noch nie mochte, ist auf Island so süß, dass ich es wirklich gerne gegessen habe. Außerdem kombiniert man diese Spezialität mit Schokolade, Marzipan oder anderen leckeren Dingen, so dass sie sehr vielfältig wird.

Popcorn wird auf Island vorzugsweise salzig gegessen und gehört im Kino, wie in Deutschland, unbedingt dazu!

Sehr kurios finde ich, dass es tatsächlich isländische Bananen und Orangen gibt. Da man mit der Erdwärme sehr günstig Energie erzeugen kann, lohnen sich ganzjährig beheizte Plantagen selbst für solche Sorten. Allerdings haben diese Früchte nicht viel Geschmack. Man muss allerdings dazu sagen, dass die Importe ja eh von weit her kämen und ohnehin früh gepflückt, wenig Aroma hätten. Es ist dennoch ein witziges Gefühl, eine isländische Banane zu essen!

Weitere kuriose Spezialitäten sind z.B. Roggen-Süßbrot, Brote, die über heißen Quellen gebacken werden und verschiedenste Arten von Möwen-Eiern. Eine spezielle Art verrotteter Fisch, der Gammel-Rochen, wird traditionell am 23. Dezember gegessen. Wer also Lust hat, ganz spezielle und außergewöhnliche Dinge zu kosten, der ist auf Island genau richtig.

Persönlich

Gleich zu Anfang in meiner ersten Arbeitsstelle kam die Mutter der Chefin einmal zu Besuch, um uns Arbeitern eine isländische Spezialität vorzusetzen: geräucherter Schafskopf! Genüsslich verspeiste sie die Augen des Tieres, während wir ein wenig perplex danebenstanden und uns maximal trauten, die Bäckchen zu probieren.

Traditionell gibt es auf Island eine Festzeit (Januar/Februar), in der für uns ungewohnte Nahrungsmittel verzehrt werden: Blutwurst, der oben erwähnte fermentierte Hai, geräucherter Schafskopf, Widderhoden (eingelegt) und vieles mehr. Diese Tradition stammt aus der Zeit, als die langen Winter die Isländer zwangen, alles Essbare auch lange haltbar zu machen, sowie einfach ALLES von ihren Tieren auch zu verwerten. Heute hat es eher Vorzeigeeffekt und Ekelcharakter für die Touristen.

Woran ich mich persönlich auch etwas gewöhnen musste, waren Fischbällchen. Diese kann man sich in etwa wie Hackbällchen vorstellen, nur eben mit Fisch. Fischreste, zerkleinert und als Bällchen zubereitet, gekocht, als Brei, gebraten, im Ofen oder in der Pfanne. Sie schmecken wirklich vorzüglich! Nur die ständigen Fischmahlzeiten in der Kantine der Fischfabrik fand ich doch auch etwas übertrieben!

Was an den Hauptmahlzeiten oft fehlte, war Gemüse! Zumindest dort, wo ich gegessen habe. Man bekam immer viel Fleisch, viel Fisch, viele Kartoffeln oder Nudeln und Soße. Dazu gab es eine kleine Beilage Dosenerbsen oder auch einen mayonnaisehaltigen Kohlsalat. Für mich als Gemüseliebhaber völlig ungeeignet, so dass ich viel selbst kochte. Gemüse hatte dort (zumindest zu meiner Zeit) keine Tradition!

Jetzt muss ich noch ein paar Zeilen an die Süßigkeiten verlieren. Die tolle Lakritze habe ich ja oben bereits erwähnt. Bei den Isländern gibt es einen sogenannten „Nammidagur" (Süßigkeiten-Tag), das ist der Samstag. An diesem Tag sind in vielen Supermärkten die Süßigkeiten-Auslagestellen (wo man selbst zusammenmischt und pro 100g bezahlt) um 50% billiger. An diesem Tag ist den Kindern (und Erwachsenen) das Naschen quasi offiziell erlaubt. Eine lustige Sache, wie ich finde.

Eine ganz eigene Kategorie ist auch das Eis. Die bereits beschriebenen kleinen Kiosk-Lädchen verkaufen oft auch Soft-Eis! Dieses Eis kommt in Bechern bzw. „Eimern" (je nach gewünschter Größe) und man darf sich dazu 2-4 Zusätze aussuchen, die in einer großen Maschine in das Eis eingerührt werden. Zur Auswahl stehen verschiedene Lakritze, Schokolade, aber auch Früchte, Kekse o.ä. Das kleine Eis ist 330ml, das Große 750ml!!! Aber himmlisch!

Für uns Deutsche auch ungewohnt sind die süßen Stückchen auf Island.

44

90% derselben bestehen aus Hefeteig und sind mit einer Art Zuckerglasur übergossen. Sehr süß, wie man sich denken kann!

Winter in Reykjavík. Mehr Schnee ist selten.

Pseudokrater am Mývatn-See im Norden.

Um Ostern herum gibt es einen „Bollen-Tag", an dem man aufgeschnittene, frittierte Teig-Kugeln isst, die mit Marmeladen oder Pudding gefüllt sind und mit Sahne aufgespritzt werden. Außerdem haben sie natürlich eine Glasur aus Schokolade oder Zuckerguss. Jede Arbeitsstelle spendiert diese für ihre Arbeiter in rauen Mengen!

Als ich einmal für Isländer einen Kuchen gebacken habe (Marmorkuchen mit Schokoladenüberzug) hieß es, er schmecke wie Brot! Viel zu wenig süß! Das Beste am isländischen Essen, ist das Trinken! Nein, nicht der Alkohol, sondern das Wasser! Es schmeckt wirklich, wirklich vorzüglich – und zwar direkt aus dem Wasserhahn! Man muss allerdings den Hahn eine Weile laufen lassen, so dass man den Schwefelgeschmack/-geruch, den das warme Wasser unweigerlich mit sich bringt, los wird! Trinken und genießen!

Universität

Allgemein

Isländische Universitäten unterscheiden sich in einigen Dingen von denen in Deutschland, nicht nur von dem, wie die Universität selbst ist, sondern auch von den Menschen, die sie besuchen.

Die meisten Fächer außerhalb der Naturwissenschaften können Isländer studieren, wenn sie über 25 Jahre alt sind, auch wenn sie kein Abitur und keine Ausbildung haben. Es könnte ja sein, man bereut, keinen höheren Abschluss gemacht zu haben und möchte doch noch studieren. Diesen Ansatz finde ich prima und weitaus einfacher, als noch irgendwelche Schulabschlüsse nachholen zu müssen, die einem nur auf dem Papier etwas bringen, im wahren Leben aber nicht!

Ganz nebenbei bemerkt, auch das Schulsystem ist deutlich übersichtlicher und einleuchtender als bei uns. Alle Kinder lernen gemeinsam und machen den ersten Abschluss zusammen (10.Klasse), danach kann man entscheiden, ob man weiterhin zur Schule gehen möchte oder nicht!

In der Universität sieht man oft auch, dass Isländer nicht immer die Bildung priorisieren. Studierende Frauen kommen meist nicht direkt von der Schule, wie hier. Viele haben zuerst Kinder oder studieren in Teilzeit.

Dementsprechend ist das Studentenleben auch etwas anders geprägt, weil viele Isländer nicht ewig auf dem Campus herumhängen können, sondern zurück in ihren Alltag gehen. Entweder warten dort Familie und Kinder oder sie gehen nebenher noch einer (vollen) Arbeitsstelle nach.

Da die Universität Islands nicht allzu viele Standtorte hat und die Isländer nicht alle in die Hauptstadt ziehen können oder wollen, werden sehr viele Kurse auch komplett Online abgehalten. So hat man von überall auf der Insel Zugriff zu seinem Studium. Die Kurse und Inhalte werden dazu einfach live mitgeschnitten und später für eine bestimmte Zeit online gestellt.

Ebenfalls anders geprägt sind die Urlaubszeiten. Es gibt eine ganz klare Gliederung der Semester. Am Ende des Herbstsemesters gibt es Abschlussarbeiten und danach hat man über Weihnachten frei – und zwar wirklich frei! Man muss nicht lernen oder sich auf etwas vorbereiten, sondern kann in Ruhe die Feiertage genießen. Das Frühjahrssemester ist Mitte Mai zu Ende und endet ebenfalls mit Arbeiten und Abschluss. Danach hat man ca. 3 Monate Sommerpause, in der man nicht lernen muss, außer man belegt einen extra Sommerkurs! Sehr, sehr angenehm und genug Zeit, auch vernünftig zu arbeiten, wenn man möchte!

Sehr lustig finde ich den typisch isländischen Kurs „Isländisch für Ausländer!", der vor allem für Austauschstudenten angeboten wird, jedoch tatsächlich mit einem Bachelor abgeschlossen werden kann!

Persönlich

Als ich studierte, hatte die Universität Islands noch nicht einmal eine Mensa und war gerade dabei, ein paar neue Gebäude zu errichten. Viele Hörsäle sind jetzt heller und größer. Wir hatten oft winzige Räume, die sich eher anfühlten, wie Klassenzimmer. Diese Tatsache wurde unterstrichen durch zum Teil so kleine Kurse, dass wir uns im Café zur Vorlesung treffen konnten (6 Studenten).

Ich studierte Anglistik mit Schwerpunkt Literatur! Eigentlich wollte ich damit Übersetzerin werden, doch nach einem Aushilfsjob als solche, hatte ich darauf keine Lust mehr. (Ich stellte mir das Studium auch nicht allzu anstrengend vor, so dass ich es neben der Arbeit her bewältigen konnte). Dass die Kurse zum großen Teil online angeboten wurden, kam mir zugute, so konnte ich ganz einfach als Postbote weiter arbeiten und die Vorlesungen später oder früher anschauen. Die Präsenzkurse des Isländisch-Studiums, das ich nebenher belegte, ließen sich mit der Arbeit gut vereinbaren! Ja, ich hatte nämlich ENDLICH beschlossen, wirklich Isländisch zu lernen! Nach ca. 3 Jahren, in denen ich mir immer wieder einredete, eh nicht mehr lange zu bleiben und in einem halben Jahr spätestens wieder von Island fort zu gehen, gestand ich mir ein, dass ich vielleicht doch noch bleiben würde. Dafür jedoch wollte ich auch die Landessprache sprechen! An der Universität traf ich neue Menschen: Isländer und auch Ausländer. Meine noch bestehenden Freundschaften sind teilweise aus dieser Zeit, auch wenn ich eher zum isländischen Teil der Studierenden gehörte, weil ich weder am Campus lebte, noch einfach nur zum Austausch da war und mein Geld nebenher selbst verdienen musste.

Dennoch war ich bald viel mit den Universitäts-Leuten unterwegs, fand dort auch neue Arbeit und eine neue Liebe. So begann für mich ein ganz neues Leben auf Island!

Isländer

Allgemein

Die Isländer, ja, wie sind sie denn? Ich kann sie nur aus meiner Sicht beschreiben, etwas anderes bleibt mir nicht übrig!

Isländer sind sehr spontan! Das bedeutet auch, sie sind anpassungsfähig und können sich schnell in neuen Situationen zurechtfinden, was mich immer wieder erstaunt hat. Ich meine damit auch, dass sie sehr individuell auf die Gegebenheiten ihres Landes und Lebens reagieren und ihre Geschäftsmodelle an das anpassen, was gerade im Trend liegt. Das konnte ich vor allem in der turbulenten Zeiten während und der Finanzkrise 2008 erfahren, sowie in den Jahren kurz danach.

Untereinander geht es persönlicher zu als in Deutschland, denn alle sprechen sich mit „Du" und Vornamen an, selbst den Bankmanager und die Politiker. Das liegt vermutlich auch daran, dass gefühlt eh jeder jeden kennt. Diejenigen, welche man nicht persönlich kennt, hat man zumindest schon einmal in der Zeitung, im Fernsehen oder sonst irgendwo regelmäßig gesehen. So scheint es zumindest! Die Isländer, heißt es, sind auch alle im 9. Grad miteinander verwandt, da trifft man eh überall Verwandtschaft! An was man sich manchmal etwas gewöhnen muss, sind der Humor und die Sprache. Der Humor ist deutlich trockener als der deutsche und die Sprache wirkt oft „unfreundlicher" und knapp bemessen. Dazu schreibe ich in einem späteren Kapitel noch.

Isländer haben oft Freundschaften von Kindheit an, die lebenslang bestehen bleiben. Freundesgruppen ziehen gemeinsam in die Stadt und studieren oder arbeiten sogar zusammen. Solche Konstellationen sind in Deutschland bestimmt auch vorhanden, aber vermutlich etwas weniger ausgeprägt, da sie mir auf Island besonders aufgefallen sind.

Die Isländer sind ein stolzes Volk! Sie sind stolz auf ihr Land, ihre Sprache, ihre Einzigartigkeit in allen möglichen Belangen und sie tragen diesen Stolz auch immer wieder nach außen. Das war beispielsweise auch bei der Fußball-Europameisterschaft 2016 sehr schön zu sehen (HU!). Durch diesen Stolz werden manche, für uns ganz banale Dinge, dort etwas Besonderes. 2008 gab es in Reykjavík zum Beispiel einen Zug durch die Straßen mit Musik, Festmahl und Getränken für die Zuschauer, als die Handballmannschaft in den Olympischen Spielen die Silbermedaille gewann!

Isländische Frauenmode bestand, zumindest in meiner Zeit, aus Kleidern und Röcken. In Reykjavík habe ich gelernt, Kleider zu tragen. Sah man eine Frau in Hosen, war das zu 90% eine Ausländerin!

Viele Mädchen sind in jungen Jahren sehr rosa angezogen, was mir irgendwie anfangs etwas ins Auge gestochen ist. Auch auffällig waren für mich die vielen Väter, die am Wochenende mit ihren Sprösslingen in der Stadt allein unterwegs sind.

Der Grund dafür ist, dass es unglaublich viele Patchwork-Familien auf Island gibt. Die Frauen haben oft früh Kinder. Kinder sind gerne gesehen und werden überall freundlich aufgenommen, gehören irgendwie dazu. Es ist normal, Kinder zu haben! Verhütung ist nicht ganz so wichtig und schwups, sind Kinder da! Viele der jungen Paare trennen sich wieder und die Kinder sind dann am Wochenende bei den jeweiligen Vätern! Das klappt auf Island wunderbar und ich muss sagen, dass man dort als alleinerziehende Frau noch immer als Frau gesehen wird, während man in Deutschland schon eher etwas gemieden wird, vor allem von jüngeren Männern.

Wie bereits erwähnt, sind Isländern ihre Status-Symbole sehr wichtig: eigene Wohnung, große Autos und ein toller Job, sowie tolle Urlaube und evtl. sogar ein kleines Wochenendhäuschen auf dem Land.

Wichtig ist den Isländern außerdem das Ausgehen. Mittags ins Café oder zum Essen, abends zum Trinken, Feiern und Tanzen. Isländer feiern gern und viel, und sie trinken gerne und viel. Vermutlich auch, weil es lange und viel dunkel ist und die Insel begrenzte Möglichkeiten des anderweitigen Zusammenseins außerhalb der richtig temperierten Hot-Pots bietet. Außer dem Nachtleben gibt es über das ganze Jahr diverse Festivals, Feste und Feierlichkeiten, die alle zum gemütlichen Beisammensein und Trinken einladen. Auch Grillen ist äußerst beliebt, aber eben auf dem Balkon oder der Terrasse und das Festmahl findet dann im Haus statt!

Ein sog. „Sommerhaus" auf der Südinsel.

Lustige Schilder findet man überall auf Island. Allerdings sind sie ernst zu nehmen. In diesem Fall sieht man links die „Fahrbahn", rechts die „Straßenplanken" und der Abgrund ist mehrere 100m tief!

Für mich schön zu sehen, war, wie die Isländer zusammenhielten, als 2008 die Finanzkrise das Land in den kurzzeitigen Ruin stürzte. Jedes Wochenende kamen die Leute zusammen mit ihren ganzen Familien, holten sich einen Kaffee und einen Haferkeks und gingen demonstrieren, bis die Regierung abdankte! Bei den Demonstrationen ging es sehr friedlich zu und bis auf ganz wenige Ausnahmen gab es keine Gewalt. Man muss dabei allerdings bedenken, dass vermutlich jeder irgendwo einen Bekannten in der Polizeigarde hatte und einen in der Regierung (nein, nicht ganz, aber beinahe ;-)), so dass friedliches Beisammensein vorprogrammiert war. Ein anderer Grund könnte auch sein, dass es auf ganz Island nur 50 bewaffnete Polizisten gibt!

Wenn den Isländern ihre Regierung nicht passt, wählen sie diese ab. Eine Amtszeit war sogar ein Kabarettist Bürgermeister von Reykjavík, der sich aus Spaß hatte aufstellen lassen und prompt gewählt wurde!

Ebenso eigentümlich, wie die Konsumliebe der Isländer, ist ihre Naturverbundenheit. Sie sind gerne in ihrem eigenen Land unterwegs, es gibt viele Wanderer und etliche abenteuerliche Wege. Und es gibt hunderte Geschichten, Legenden und Steinformationen, die an andere Wesen erinnern und über die gesamte Insel zu finden sind. Die meisten Isländer glauben an Elfen, Geister und „verstecktes Volk" (das sind unsichtbare Wesen, die in Gestalt von kleinen Menschen auf Island leben). Und ausnahmslos ALLE Isländer, die ich kenne, konnten mir eine Geschichte erzählen, die nicht so ganz mit rechten Dingen zuging.

Wollen Sie meine „seltsame" Geschichte lesen?

Persönlich

Ich habe zwei kleine Geschichten, die nicht so ganz mit rechten Dingen zugingen:

1. Ich lebte in einem Garagen-Apartment mit meiner Katze. An der Wand hingen dicht nebeneinander zwei Bilder, jeweils mit einem

Faden an **einem** Nagel befestigt. Ich lag auf meinem Bett und lernte, während meine Katze im Sessel schlief! Mit einem Mal schreckte meine Katze hoch und starrte an die Wand: eines der Bilder schwenkte sichtbar hin und her an seinem Faden – aber nur das eine!

2. Ich war als Touristenführerin (dazu später) mit einer kleinen Gruppe Urlauber in den Westfjorden unterwegs. Wir übernachteten an einem Ort mit einem Felsblock, von dem es heißt, es seien versteinerte Trolle.

   Ich hatte eine Touristin dabei, die sich immer wieder über meine Geschichten über die anderen Wesen lustig machte.

   Wir gastierten einzeln in kleinen Hüttchen im Ort. Besagte Dame kam morgens kreidebleich zum Frühstück und erzählte, sie hätte kein Auge mehr zugemacht! Sie wäre zu Bett gegangen und mitten in der Nacht aufgewacht, weil ihr Licht brannte. Sie dachte, sie wäre einfach eingeschlafen und hatte es ausversehen angelassen. Sie war also aufgestanden und hatte es wieder ausgemacht. Allerdings wäre sie ein zweites Mal aufgeschreckt, weil das Licht wieder angeschaltet gewesen war...

   Im Verlauf der weiteren Reise verlor diese Dame kein Wort mehr zu meinen Geschichten.

Gegenüber Ausländern sind Isländer eigentlich sehr freundlich, zumindest waren sie das vor der großen Touristenwelle um 2012! Wenn sie bemerken, dass man kein Isländisch spricht, wechseln sie sofort ins Englische, auch untereinander. Wirklich offen sind sie deswegen trotzdem nicht!

Ich bin allerdings der Meinung, dass generell kein Land gegenüber Ausländern wirklich offen ist, weil es nicht so einfach ist, verschiedene Kulturen, Meinungen und Erfahrungen zu vermischen. Natürlich gibt es verschiedene Grade der Freundlichkeit gegenüber Ausländern und da gehören die Isländer, meiner Meinung nach, auf jeden Fall oben auf die Liste!

Ich habe nie erlebt, dass man mir gegenüber direkt unfreundlich war, weil ich Ausländerin war, allerdings hatte ich z.B. eine lustige Begebenheit in einer Kino-Schlange. Ich unterhielt mich mit meinen WG-Mitbewohnern auf Englisch (wir konnten allerdings alle auch Isländisch), als hinter uns zwei Isländerinnen in ihrer Sprache genervt sagten: „Immer diese Ausländer!" Wir drehten und alle drei zu ihnen um und einer von uns sagte: „Vielen Dank auch!" auf Isländisch! Die erstaunten Blicke habe ich heute noch im Gedächtnis!

Man darf so etwas nicht persönlich nehmen, damals nicht und heute schon gar nicht, denn in den letzten Jahren (vor Corona) gab es auf Island mehr Touristen als Einwohner. Man kann schon verstehen, dass nicht alle auf diese Masse an Menschen gelassen reagieren, vor allem, wenn dadurch ihre heißgeliebte Natur leidet.

Die Isländer selbst sind mit ihrer Insel stark verbunden und ich habe viele erlebt, die zwar über mehrere Jahre ins Ausland gezogen sind, aber sehr viele kehren auch wieder zurück!

Untereinander sind die Isländer auch eher nett zueinander. Zwar gibt es immer mal wieder einen Streit, vor allem, wenn viel Alkohol im Spiel ist, aber am nächsten Tag ist man wieder ein Herz und eine Seele. Alles halb so wild! Ich selbst habe ein Mehr an Gewalt dort nur erlebt, als vor 2008 immer mehr Gastarbeiter nach Island kamen, um dort das große Geld zu machen. Die Gewalt verschwand mit den Gastarbeitern in der Finanzkrise 2008 wieder. Ich kann aber keine Auskunft darüber geben, wie es heute ist und woran genau es damals lag!

Ein paar Worte vielleicht noch zu den Freizeitaktivitäten der Isländer. Einige davon habe ich bereits erwähnt: Schwimmbad bzw. Hot-Pots, Wandern, Feiern und das Rundherumfahren in der Stadt. Isländer gehen ebenfalls gerne Shoppen, vor allem am Wochenende mit der ganzen Familie. In den großen Einkaufszentren kann man kleine Kinder in eine Betreuung geben und ganz in Ruhe allein unterwegs sein. Hinterher gibt es irgendwo in den Schnell-Restaurants vor Ort ein Essen oder ein Eis. Auch diverse Freizeitaktivitäten sind meist voll belegt. Billard, Kegeln und Kino zählen dabei zu den beliebtesten!

Eine Reihe von „Elfenhäuschen" in einem Garten.

Mit den vielen Touristen mussten immer mehr Absperrungen und Schilder aufge-
stellt werden!

Im Kino muss man sich daran gewöhnen, dass nach der Hälfte des Films eine Pause eingelegt wird, die ca. 10 Minuten dauert. Man kann zur Toilette oder sich neu mit Limo und Popcorn eindecken.

Am Wochenende hat der berühmte „Flohmarkt" in Reykjavík geöffnet, wobei Flohmarkt eigentlich das falsche Wort dafür ist. Es gibt diverse Stände mit Fisch, Fleisch und frischen Backwaren, viel Ramsch und dazwischen einige Second-Hand-Stände mit Klamotten, Büchern und Platten. Einige Stände mit Islandpullovern usw. für Touristen sind dazu gekommen – und natürlich darf der obligatorische Stand mit Hot-Dogs, Kaffee und Kuchen nicht fehlen! Viele Isländer gehen auf eine kleine Runde am Wochenende dort vorbei.

Auf dem Land habe ich durch meine späteren Reisen sehr ausgefallene Hobbies kennengelernt. Auf einzeln gelegenen Höfen und in den winzigen Dörfern gibt es oft wenig zu tun, wenn es Winter wird und die Menschen dort werden sehr erfinderisch! Drei dieser Hobbies sind mir besonders im Gedächtnis geblieben:

1. Petras Steinsammlung in den Ostfjorden: Dieses Haus ist inzwischen ein Museum und wirklich sehenswert, denn die Dame hat in ihrer gesamten Freizeit in den Ostfjorden Halbedelsteine gesammelt. Der komplette Garten und das Haus sind voll mit tollen Steinen und anderen spannenden Funden!

2. Ganz oben im Norden gibt es einen Bauernhof, der auf seinen Wiesen an die 30 Vogelscheuchen stehen hat. Es heißt, sie werden im Winter angefertigt.

3. In einer kleinen Pension im Südosten, mitten im Nirgendwo, traf ich auf einen Gastgeber, der fast perfekt Deutsch sprach. Auf seine Frage, wo er das gelernt hatte, antwortete er, er hätte im Winter immer „Derrick" im Fernsehen geschaut!

(Auf Island werden alle Filme immer im Originalton mit isländischen Untertiteln gezeigt. Aus diesem Grund sprechen Isländer auch ein sehr gutes Englisch – und lernen andere Sprachen oft ebenfalls leichter)!

Ich denke auch, dass die meisten Sagas und Geschichten auf Island in solchen langen Wintertagen entstanden sind und weitererzählt wurden. Dadurch sind einige schöne Bräuche entstanden. Um Weihnachten herum haben die Isländer zum Beispiel eine Weihnachtshexe (Grýla), die eine große schwarze Katze hat. Die Katze holt alle Kinder, die nichts zum Anziehen zu Weihnachten bekommen haben, um sie der Hexe zum Verspeisen zu bringen. Ein toller Brauch, denn wer bekommt als Kind schon gerne Socken zu Weihnachten?

Allerdings hat die Weihnachtshexe auch 13 Söhne, die im ganzen Land unterwegs sind und 13 Tage vor Weihnachten einer nach dem anderen zur Hexe heimkehren. Jeden Tag wandert also ein bestimmter Weihnachtswichtel an den Häusern vorbei auf seinem Weg nach Hause. Wenn die Kinder ihm etwas hinterlassen, was seiner Laune entspricht (einer stiehlt z.B. Kerzen, einer reitet gerne Schafböcke, ein anderer schleckt Löffel ab usw.), dann hinterlässt er den Kindern ein kleines Dankeschön! Die isländische Art des Adventskalenders!

Grundsätzlich mag ich die Isländer sehr gerne, sonst hätte ich es wohl auch nicht so lange dort ausgehalten. Die Frauen sind selbstbestimmt und selbständig, manchmal auch etwas ruppig, aber sie wissen, was sie wollen bzw. nicht wollen. Die Männer habe ich oft als sehr eifersüchtig erlebt, sobald sie in einer Beziehungen waren, sonst aber als sehr freundlich, oft wortkarg, aber lustig und gesprächig, wenn sie angeheitert sind.

Freunde hatte ich unter den Isländern wenige, vor allem, als die Beziehung mit dem Isländer nicht mehr bestand. Über die Universität hielten einige Freundschaften zwar bis heute, aber darüber hinaus sind es aber kaum Isländer, zu denen ich Kontakt halten konnte. Dafür mit Menschen aus sonst sehr vielen Ländern dieser Erde, was auch ein tolles Geschenk ist!

Weihnachtshexe Gríla, die gerade ein Kind kocht.

Einsamer Hof auf der Halbinsel Snæfellsnes.

Liebe 2. Teil

Persönlich

Als ich mich endlich aus der Beziehung mit dem Isländer befreien konnte, wurde mir bewusst, dass ich sehr viele andere Frauen auf Island kannte, die ebenfalls in anstrengenden Beziehungen mit isländischen Männern steckten. Allen ging es ähnlich wie mir. Ich möchte bei Weitem diese Erfahrung nicht auf die ganze Insel ausdehnen, aber es gibt mir doch zu denken, dass es vielleicht eine Eigenschaft vieler Inselbewohner sein könnte, so zu leben, wie ich es dort auch gewohnt war: immer am Limit mit dem Geld, weil Vergnügen wichtig und teuer ist, oft mit viel Eifersucht und oft mit zu viel Alkohol!

Durch die Universität lernte ich andere Menschen kennen und kam mit einem Ungarn zusammen, der mir eine gänzlich andere Seite von Island zu zeigen vermochte. Er hatte andere Interessen (z.B. Yoga) und andere Freunde (auch Isländer), so dass ich mich in anderen Kneipen, Cafés und Kulturveranstaltungen widerfand.

Mein Freund war außerdem ungeheuer reise- und wanderfreudig und wir waren viel gemeinsam unterwegs. Oft über längere Wochenenden, zusammen mit Freunden in einem der Wochenend-Hütten. Auf Isländisch werden sie „Sommerhäuser" genannt und bestehen aus kleinen Gruppierungen von Blockhütten, die irgendwo im Nirgendwo auf der ganzen Insel verteilt liegen, oft mit einem Tante-Emma-Laden in der Nähe. Sie haben große Wohnzimmer, kleine Koch- und Schlafgelegenheiten (oft auch Matratzenlager) und die meisten haben einen Hot-Pot im Freien. Man kann sie über Arbeitsstellen, Freunde oder Gewerkschaften günstig mieten und sie eignen sich wunderbar als Ausgangspunkt für Wanderungen, Feiern und Wochenendausflüge.

Mein ungarischer Freund sprach sehr gut Englisch und ebenfalls quasi fehlerfrei Isländisch. Er war sehr geduldig im Korrigieren und Erklären, so dass ich durch ihn beide Sprachen deutlich verbessern konnte. Wir lebten oft in WGs mit anderen zusammen und waren viel mit Freunden unterwegs.

Wir haben uns dennoch getrennt, bevor ich Island wieder verlassen habe. Im Endeffekt kann ich sagen, dass meine größte Liebe auf Island eigentlich das Land selbst war – und diese Zuneigung ist bis heute geblieben!

Sprache

Allgemein

Wer das erste Mal nach Island kommt, hat oft das Gefühl, gar nichts zu verstehen und dass diese Sprache absolut unaussprechlich ist.

Die isländische Sprache ist im Prinzip Altnorwegisch und einfach durch das Inselleben über die Jahre „konserviert" worden. Es gibt kaum Dialekte und die meisten Isländer können die Schriften ihrer Siedler-Ahnen noch lesen und verstehen.

Für uns Deutsche ist Isländisch tatsächlich ganz gut erlernbar. Die Aussprache lässt sich üben und ist für uns keine Zungenbrecherei. Sobald man die Grundregeln der Aussprache kennt, klingen auch viele Wörter gleich ganz isländisch. Das beste Beispiel hierfür ist der Vulkan Eyjafjallajökull, der 2010 ausgebrochen ist und den man in den Nachrichten im Ausland fast überall falsch ausgesprochen hat. Wenn man aber weiß, dass „ll" als „dl" ausgesprochen wird und das „u" eher wie ein „ü", dann klingt das ganze schon ziemlich richtig. Versuchen Sie es doch noch einmal:

Eyjafjallajökull (= Eyja fjadla jöküdl) ;-)

Super! Jetzt können Sie damit angeben, dass Sie es aussprechen können!

Die Grammatik ist der Deutschen ebenfalls sehr ähnlich. Nicht, dass jeder Deutsche seine eigene Grammatik beherrscht, aber es sind dieselbe Anzahl Fälle, nur dass man im Isländischen die ganzen Deklinationen hinten anhängt. Das bringt manchmal komisch klingende, ellenlange Wörter zustande, die man nicht mehr entziffern kann, weil man sie im Deutschen in 3 Wörter unterteilen würde.

Ein abgedeckter Hot-Pot in einem der Sommerhäuser.

Der Geysir „Strokkur" kurz vor seinem Ausbruch. Foto: Cs. Oppelt.

Zeichensprache versteht jeder! Ein Schild, das ernst zu nehmen ist!

Auf ganz Island darf man nirgends schneller als 90 km/h fahren.

Witzig ist, finde ich, dass Isländer auch während des Einatmens sprechen. Oft sind das nur kurze Worte, wie „ja" und „nein", aber es ist eine sehr außergewöhnliche Angewohnheit.

Was Ausländern oft unfreundlich vorkommt, ist das isländische „ha?". Es bedeutet wo viel wie „wie bitte?". Wir kennen diese Abkürzung im Deutschen ebenfalls als „was?" oder im Schwäbischen z.B. gibt es das „hää?". Die Isländer haben durchaus ebenfalls eine offizielle Version davon im Sinne von: „Was sagen Sie?", aber sie wird nicht allzu oft verwendet.

Ebenfalls für uns ungewohnt sind die isländischen Namen, die tatsächlich noch immer strengen Regeln unterliegen. Isländer haben eine Liste mit Namen, nach denen sie ihre Kinder benennen dürfen. Diese Namen müssen in einem Register geführt werden oder man muss sich für einen neuen Namen im Register bewerben und ein Komitee stimmt dann darüber ab, ob der Namen akzeptiert wird oder nicht. Manche Namen dürfen zum Beispiel auch **nur** als Mittelnamen geführt werden oder eben **nicht**.

Isländer haben einen Vornamen, fast immer mindestens einen Mittelnamen und tragen danach ihren Vatersnamen mit jeweiligem –son (Sohn) oder -dóttir (Tochter) angehängt. Man fragt auch nicht: „Wie ist dein Nachname", sondern: „Wessen Sohn/Tochter bist du?".

Den Mutters-Namen nimmt man nur äußerst selten an, wenn z.B. der Vater unbekannt ist oder aus bestimmten Gründen ungenannt bleiben soll. Wenn in einem Haushalt nun das erste Kind von einem Mann ist und die Mutter mit einem zweiten Mann zusammenlebt und ebenfalls ein Kind hat, haben alle 4 Haushaltsmitglieder unterschiedliche „Nachnamen".

Die Mittelnamen sind auf Island wichtig und werden bei der Vorstellung oft mit genannt, da es viele Menschen mit demselben Vornamen gibt, so dass man diese dann nur über den Mittelnamen oder eben den Vatersnamen unterscheiden kann.

Viele der isländischen Namen gibt es im Deutschen auch, aber für uns klingen sie oft veraltet bzw. in die Generation unserer Großeltern gehörig.

Kurios finde ich, dass wenn ein Ausländer die isländische Staatsbürgerschaft annehmen möchte, er einen isländischen Vornamen braucht. Wenn er nicht schon einen hat, den es im isländischen ebenfalls gibt, darf er sich einfach einen aussuchen. So gibt es zum Beispiel Thailänderinnen, die Guðhildur (Guthild) heißen, aber dennoch ihre bisherigen eigenen Vor- und Nachnamen behalten haben.

Persönlich

Ich habe bereits erwähnt, dass ich erst nach ca. 3 Jahren anfing, wirklich so Isländisch zu lernen, so dass ich es auch zu sprechen vermochte. Zu diesem Zeitpunkt konnte ich allerdings bereits gut verstehen, was gesprochen wurde, hatte aber den Mut nicht, auf Isländisch zu antworten. Inzwischen spreche ich so gut Isländisch, dass ich mich damit überall und in allen Lebenslagen verständigen kann und auch gerne Bücher in der Landessprache lese. Allerdings mache ich beim Sprechen nach wie vor viele Grammatikfehler im Anhängen der diversen Deklinationen, sowie bei den Geschlechtern!

Viele hielten mich durch meinen Vornamen, der im Isländischen ein ganz gewöhnlicher Vorname ist, eh für Isländisch, was durchaus angenehm war. Ich wurde oft auf Isländisch angesprochen und fiel nicht sofort als Ausländerin auf.

Ein paar lustige Begebenheiten vom Erlernen der Sprache sind mir im Gedächtnis geblieben: Das erste Wort, das ich auf Isländisch gelernt habe, war „brottgöltur" (=brochtgöltür) und bedeutet übersetzt „Igel". Eine Mitarbeiterin, die recht gut Isländisch sprach und dieses Wort neu lernte, bat mich, es mir für sie zu merken, falls sie es vergessen sollte! Das habe ich! Auch lustig fand ich anfangs die Bezeichnungen für „er" und „sie", nämlich „hann" und „hún", was ich mir mit „Hahn und Huhn" einfach gemerkt habe (so ungefähr wird es nämlich ausgesprochen)!

Sehr verwirrend waren lange die Begriffe für Freund und Freundin in der

Beziehung (es gibt extra Worte für „Freund" und „Freund in der Beziehung/Partner"). Sie werden nämlich allein durch ihre Endung unterschieden: männlich=i und weiblich=a. Wenn man aber die männliche Form dekliniert, wird das „i" zum „a" und Verwechslung ist vorprogrammiert! Ohje!

Witzig ist auch, dass es im Isländischen Worte für männliche und weibliche Verwandtschaft gibt. Für Cousine, Tante, Großtante usw. könnte man dasselbe Wort verwenden. Erst auf Nachfrage wird die Verwandtschaft dann näher ausgeführt: die Schwester meiner Mutter o.ä.

Die Isländer, das hatte ich erwähnt, sind oft eher wortkarg und als ich das erste Mal wieder auf Besuch in Deutschland war, musste ich mich erst wieder umstellen, was man allein bei einem Bäckereibesuch alles sagen muss, wenn man über die Theke bedient wird!

Arbeit 2. Teil

Persönlich

Mir ging es ab dem dritten Jahr auf Island auch in der Arbeit darum, dass ich besser Isländisch lernte. Das brachte mir in der Universität eine Arbeit im Sprachzentrum ein. Dort assistierte ich dem Verantwortlichen am Telefon und betreute die Ausleih-Bibliothek für Medien in allen Sprachen, sowie das Sprach-Übungslabor. Da ich dort allerdings nur zweimal die Woche ein paar Stunden angestellt war, musste ich mir für meine Haupttätigkeit etwas Neues suchen. Beim Post-Austragen lernt man einfach zu wenig Isländisch!

Die Zeit an der Universitäts-Stelle ließ sich allerdings gegen Abend, wenn nicht mehr viel los war, wunderbar nutzen, um nebenher Hausarbeiten bzw. später meine Bachelor-Arbeit zu schreiben.

Ich kündigte bei der Post, als ich eine Stelle in einem Bio-Laden erhielt. Leider stellte sich heraus, dass meine Isländisch-Kenntnisse für die speziellen Wünsche meiner Kunden dort noch nicht ausreichend waren. Nach einem Monat wechselte ich in ein Café, wo ich über ein Jahr angestellt blieb. Dort konnte ich die Kunden persönlich bedienen und kam so ganz automatisch mit der Sprache in Kontakt!

Nebenbei lernte ich in dieser Zeit auch die Kunst des Barista (Kaffee machen, Schaum-Kunst usw.) und ich muss gestehen, dass ich die meisten fachspezifischen Wörter dazu weder auf Deutsch noch auf Englisch kann, weil ich sie nur auf Isländisch gelernt- und seither nie wieder benutzt habe!

Die Zeit im Café war geprägt von vielen netten, jungen Menschen, sehr angenehmen Vorgesetzten, viel Spaß mit den Mitarbeitern, lustigen Schichtzeiten und einem wechselnden Arbeitsplatz. Wir hatten einige Filialen in Reykjavík und ich wurde in vier unterschiedlichen eingesetzt. In der Privat-Kaffee-Bar einer Bank, in zwei Kaffee-Ecken von Buchhandlungen und in einem Designermöbel-Geschäft.

Irgendwann aber wollte ich mehr Verantwortung und eine sehr isländische Tradition half mir beim nächsten Schritt.

Ich bewarb mich bei Reiseagenturen um Assistenzstellen, weil ich keine offizielle Ausbildung als Reiseleiterin hatte, aber inzwischen 3 Sprachen beherrschte, die auf Island sinnvoll sind. Überall bekam ich Absagen: ich bräuchte die Reiseleiter-Ausbildung, denn Assistenten würden nicht gebraucht.

Mit einer Dame, es stellte sich dann heraus, dass sie Deutsche war und bereits Jahrzehnte auf Island lebte, hatte ich etwas ausführlicheren E-Mail-Kontakt. Schließlich bat sie mich auf ein Treffen in die Stadt.

Wir saßen im Café und sie fragte mich gerade heraus, ob ich Lust hätte, in 14 Tagen eine 10-tägige Reiseleitung um die Insel zu übernehmen!

Ich war verunsichert, meinte, ich könnte das nicht, sei nicht ausgebildet usw. Sie sagte nur, sie selbst würde als Busfahrerin mitfahren und ich sollte vorher fleißig lernen. Wenn sie mit mir zufrieden sei, würde sie mich einstellen. Wenn nicht, würde sie die Reiseleitung für den Rest der Tour übernehmen! Ein fairer Deal!

Die kleinste Kirche Islands. Privatgelände!

In den Westfjorden kommt man den Papageientauchern nah.

Das ist etwas, das ich an Island liebe: man darf sich beweisen und wird nicht direkt über ein Stück Papier bewertet! (In Deutschland später dann, ohne gültige Ausbildung, war meine Reiseleitungs-Erfahrung NICHTS mehr wert!). Sechzehn Tage später hatte ich die Stelle und fuhr 2 Sommer lang Reiseleitungen für 5- bis 14-tägige Busreisen um die Insel.

Anfangs liebte ich diese Arbeit, weil das sich immer wandelnde Land auch dauerhaft bereist werden kann. Doch die langen Zeiten fort von zu Hause zehrten an meinen Nerven. Ich sah meine Freunde nur noch selten, war zwischen den einzelnen Reisen immer nur 1-3 Tage zu Hause und Touristen sind tatsächlich oft auch ein „anstrengendes Pack"! Auf jeder Reise gibt es ein bis zwei, denen nichts recht ist oder die sonst irgendwie auffallen (z.B. sich ständig verlaufen oder immer zu spät kommen). Allerdings hatte ich auch viele wunderschöne und witzige Erlebnisse mit dieser Arbeitsstelle und möchte sie auf keinen Fall missen.

Ich war mit jeder meiner Touristengruppen auf dem Meer zum Wale-Beobachten. Jedes einzelne Mal war es eiskalt und wir sahen nicht sehr viel. Aber ein einziges Mal hat es sich wirklich gelohnt: Blauwale in der Bucht bei Húsavík. Diese Tiere sind nur wenige Tage bis Wochen im Jahr überhaupt um Island herum zu sehen. Der Kapitän und sein Angestellter waren selbst so aufgeregt, diesen Giganten zu begegnen, dass wir eine volle Stunde länger als sonst auf dem Meer waren.

Ein andermal fiel kurzfristig unsere Busfahrerin aus. Hochsaison und niemand war aufzutreiben. Da stellte die Chefin ihren Enkel an. Er hatte zwar den Führerschein, war aber noch nie selbst um die Insel gefahren und hatte auch keine Ahnung, wie unsere Tour geplant war. Wir sollten auch in die Westfjorde und in den Norden fahren, wo ich mich selbst wenig auskannte. Unsere kleine Gruppe von ca. 8 Leuten verpasste deswegen am ersten Tag fast die Fähre für eine Überfahrt (da wusste ich noch nicht, dass ich nebenher noch Karte lesen musste); In den Westfjorden brauchten wir eine halbe Stunde, um einen nicht ausgeschilderten Wasserfall zu finden (Opa am Telefon flippte fast aus!) und im Süden fuhren wir zweimal an der Abzweigung zu einer kleinen Kirche vorbei. Hinter uns im Bus saß ein älteres Ehepaar, das alles ganz gelassen nahm und immer nur sagte: „Solange ihr da vorn noch lacht…!" und die Stimmung unter den Reisenden so immer angenehm hielt.

Im Gedächtnis blieb mir eine kleine Begebenheit, die ich ebenfalls sehr isländisch finde. Ein junger Isländer, der von meinen deutschen Touristen nach seiner Ausbildung gefragt wurde, gab an, er habe Sprachen studiert und auch einen Busführerschein. Als er gefragt wurde, was er arbeite, sagte er, er wäre Eis-(Kiosk-)Verkäufer. Es wurde weiter gefragt, was er denn mit seinem Studium vorhabe oder was er nach diesem „Sommer-Job" tun wollte, aber er beharrte darauf, dass er gerne als Eis-Verkäufer arbeitete und nicht vorhatte, das zu ändern. Die deutschen Touristen konnten das einfach nicht nachvollziehen. Warum als Eisverkäufer arbeiten, wenn man doch ein Studium hat?

Ja, aber warum nicht bleiben, wo man glücklich ist, auch wenn man ein Studium hat?

Landschaft/Wandern

Allgemein

Etwas zur Landschaft Islands zu sagen, das allgemein gültig ist, ist gar nicht so einfach, denn die Landschaft ist an manchen Stellen einem so starken Wandel unterworfen, dass man sie gar nicht verallgemeinern kann!

Was aber kann man sagen? Island ist wundervoll! Island hat eine starke, markante Landschaft! Island ist vielseitig und vielschichtig! Island ist spannend und bunt, aber auch eintönig und langweilig! Und es gibt keinen Wald!

Lupinenmeer am schwarzen Sandstrand 2 Jahre nach dem Ausbruch des Eyjafjallajökull.

Nein, ganz so ist es nicht, aber die meisten Wälder auf Island wurden tatsächlich von den Wikinger abgeholzt. Inzwischen gibt es viele Wideraufforstungs-Projekte. Die meisten Wälder sind dadurch noch nicht sehr alt und dicht und wir würden sie hier kaum als Wald bezeichnen. Auf Island gibt es darüber Witze: „Was tut man, wenn man sich in einem Isländischen Wald verirrt? Aufstehen!" oder: „Drei oder mehr Bäume sind auf Island ein Wald!"

Island hat Steinwüsten in allen möglichen Farben, Island hat Schneewüsten und Gletscher, Island hat grüne Landschaften am Meer entlang und dort, wo es (warmes) Wasser gibt im Hochland. Island hat glasklares, leckeres Wasser und kilometerweite Stein- oder Mooslandschaften in allen Farbtönen und mit vielen Stolperfallen!

Island hat viel Wasser: viel Meer, viele Wasserfälle und noch mehr Wasserfälle – und es hat Lupinen, die nach Island eingetragen wurden und sich vermehren und fruchtbaren Boden bereiten, wo sonst nur schwarzer Sand wäre. Im Sommer hat man dann ein lila Blütenmeer an der Küste und zum Teil auch im Inland, an Stellen, wo sonst nicht einmal Moos Fuß fassen würde.

Das Moos auf Island ist sonst das, was als erstes nach Vulkanausbrüchen wieder wächst und humusreichen Boden bereitet. Aber selbst das braucht Jahrzehnte, um den wilden Gezeiten der Insel zu trotzen und sich an den Steinen festzuklammern. Vielen Menschen ist das nicht bewusst und es wird, vor allem von Touristen, abgezupft oder mit Offroad-Fahrzeugen binnen Sekunden zerstört.

Moos ist wertvoll und wundervoll, aber man sollte vorsichtig sein, wenn man darauf unterwegs ist, denn es verdeckt Spalten und Höhlen, die sich in der Lava-Landschaft verbergen. Allerdings kann so eine Moosdecke mehrere dutzend Zentimeter dick werden und man kann wunderbar darauf schlafen!

Was auffällt, ist, dass es außer Schafen und Pferden wenige Säugetiere gibt. Pferde sind meist eingezäunt, aber Schafe laufen außerhalb der Hauptstadt frei herum und haben auf den Straßen auch **grundsätzlich Vorfahrt**! Seien Sie also vorsichtig, wenn sie unterwegs sind, denn die putzigen Tiere liegen gerne mit ihren Lämmern auf den aufgewärmten Asphaltstraßen oder schlecken das Salz von den damit befestigten Schotterstraßen und scheren sich nicht immer um heranfahrende Autos.

Mooslandschaft im Süden.

Pferdeherde beim Weidewechsel an der Landstraße.

Seien Sie also vorsichtig, wenn sie unterwegs sind, denn die putzigen Tiere liegen gerne mit ihren Lämmern auf den aufgewärmten Asphaltstraßen oder schlecken das Salz von den damit befestigten Schotterstraßen und scheren sich nicht immer um heranfahrende Autos.

Seehunde, Rentiere und Polarfüchse bekommt man nur selten zu Gesicht! Nur die Vögel sind ständige Begleiter.

Seien Sie besonders achtsam, wenn sie Papageientaucher beobachten wollen, denn diese graben zum Nisten waagrechte Gänge und Höhlen in erdige Klippenabschnitte. Damit unterhöhlen sie diese quasi, so dass am Rand immer wieder große Teile abbrechen. Am besten ist es, man beobachtet die Tiere vom Meer aus oder von unterhalb der Nistklippen, wenn das möglich ist!

Wild campen ist auf Island grundsätzlich erlaubt, aber inzwischen ungern gesehen. Das liegt daran, dass fast alles Land irgendjemandem gehört und die meisten Besitzer über die Touristenmassen der letzten Jahre nicht glücklich sind. Diese hinterlassen beim wilden Campen oft Müll und andere Rückstände. Auf Island braucht allein ein Papiertaschentuch über 10 Jahre, um zu verrotten. Da möchte man NICHTS herumliegen haben auf seinen Wiesen!

Campen an sich ist aber kein Problem, denn es gibt genügend Campingplätze auf Island. Zelten ist allerdings eine Herausforderung, denn der ständige Wind, die Kälte und das oft nicht allzu gute Wetter zehren schon sehr an den Nerven.

Auf einigen Wanderwegen kommt man allerdings nicht ums Zelten herum, z.B. wenn man auf dem berühmten „Laugavegur" unterwegs ist. Zwar gibt es an einigen Schutzhütten Schlafplätze, doch die sind schnell belegt und dann bleibt nur ein eigenes Zelt auf dem im Sommer teils verschneiten, steinigen und kalten Boden zwischen den Gletschern im Süden.

Wer auf Island wandert, der ist oft noch immer auf die alten Markierungen aus Steinhäufen angewiesen, die es überall im Land gibt. Holz ist rar und viele andere Markierungen werden durch Witterung, Wind und Erosion zerstört oder umgekippt, so dass Steinhäufen tatsächlich die beste Lösung sind und als zuverlässigste Wegweiser dienen. (Wenn sie nicht von fahrlässigen Touristen zum Spaß aufgeschichtet werden).

Wegweiser aus Stein!

Bitte NICHT so an die Papageientaucher heran. LEBENSGEFAHR!

Jeder Pass hat seinen eigenen Schutzpatron. Früher haben die Reisenden auf ihrem Weg stets ein Dankeschön dort hinterlassen auf ihrem beschwerlichen Weg über einen Berg.

Auch heute noch muss man beim Überqueren der Berge und Gletscher sehr auf das Wetter und aktuelle Warnungen achten, denn, wie überall in den Bergen ist das Wetter unberechenbarer und oft nicht so schön, wie es im Tal den Anschein macht. An einigen Pässen wird vorgegeben, dass man sogar für eine Autoüberquerung vorher bei der Wetterstation das „okay" abholen sollte, bevor man sich in die Höhe wagt!

Auch auf den großen Wanderwegen, die über mehrere Tage gehen, wie der „Laugavegur", muss man an jeder Hütte angeben, wie man heißt und mit wie vielen Personen man unterwegs ist. Die Daten werden mit den Hütten davor/danach abgeglichen, um sicher zu gehen, dass keine Personen unterwegs verloren gegangen sind. Da einige Wandergebiete vulkanisch aktiv sind, muss man auch wissen, wie viele Personen man bei Gefahr notfalls suchen/retten muss, wenn es einmal schnell gehen soll. Die Natur ist nach wie vor nicht berechenbar und ich kann nur immer wieder betonen, dass es unglaublich wichtig ist, Wetterwarnungen auf Island ernst zu nehmen und notfalls gemütlich einen Tag zu Hause oder im Hotel zu verbringen!

Persönlich

Was mich an Island immer wieder aufs Neue fasziniert, ist die Landschaft. Vor allem, wenn man um die Insel herumfährt, weil es ein ständiger Wechsel an Farben ist, an dem man sich nicht sattsehen kann. Die Natur auf Island ist einmalig und über all meine Reisen auf der Insel bin ich immer wieder ins Staunen geraten, was man doch noch wunderschönes an ganz verborgenen Orten finden kann, vor allem, wenn man zu Fuß unterwegs ist und nicht nur beim schönsten Wetter.

Ein paar meiner kleinen Wandererlebnisse möchte ich hier erzählen!

Ich bin 2009 den bereits erwähnten „Laugavegur" gewandert, der etwa von der Mitte der Insel bis in den Süden an die Küste hinunterreicht. Er ist für eine Wanderung von 4-5 Tagen veranschlagt. In Tagesabständen gibt es Hütten mit einigen Übernachtungsgästen, die aber sonst vor allem kontrollieren, wie viele Menschen in welche Richtung unterwegs sind.

Das Tolle an dieser Wanderung ist, dass man sein Wasser nicht mittragen muss, denn überall auf dem Weg gibt es Gletscherwasser frisch vom Berg: es ist trinkbar und schmeckt herrlich! Allerdings hat man mit Zelt, Schlafsack und Essen auch wirklich genug Gepäck, vor allem, weil es empfindlich kalt werden kann und man sich wirklich gut schützen muss. Schneefall im Sommer ist auf dieser Wanderung nicht selten.

Wenn man von Norden nach Süden läuft, kann man vor dem Losgehen noch eine Runde baden, denn es gibt natürliche heiße Quellen. Ich würde allerdings empfehlen, dafür einen Tag extra einzuplanen, um es wirklich genießen zu können, denn im heißen Wasser zu sitzen und danach noch 7-8 Std. zu wandern, ist wirklich hart! Die Gegend bietet genug Schönes, um eine kleine Tagestour samt Badetag einzulegen.

Dieser Wanderweg wird erst im Laufe des Frühsommers geöffnet, nachdem er von Experten einmal begangen und geprüft wurde. Dennoch muss man achtgeben, nicht in Schneefeldern zu landen, sich im schlechten Wetter und Nebel zu verirren oder nachts zu frieren.

Schön ist auch, dass man unterwegs zum Teil sogar auf heißen Quellen kochen kann. Das ist ein wirklich einmaliges Erlebnis, selbst wenn man auf Island lebt und schon viele heiße Quellen gesehen hat.

Eine andere schöne Wanderung, die nicht sehr lang ist, ist im Süden eine ca. 45 Min.-Tour zum ersten Schwimmbad Islands. Es ist nicht ausgeschildert und man muss etwas suchen, bis man den richtigen Feldweg gefunden hat, aber es lohnt sich. Es gibt kalte, etwas verdreckte Umkleidekabinen, aber das Schwimmbad selbst wird aus einer Quelle weiter oben gespeist, so dass das Wasser angenehm warm ist. Das Ganze liegt in einem malerischen Tal und ist meist nicht sehr überfüllt.

Frisches Wasser aus dem Gletscherfluss über der heißen Quelle erhitzen. Super!

Erstes Schwimmbad Islands im Süden.

Direkt hinter dem Pass in Hveragerði kann man ebenfalls zu den heißen Quellen wandern und „im Fluss" baden, allerdings ist der Weg dorthin etwas länger und beschwerlicher. Dafür sitzt man direkt in der Natur. Hier lässt sich das Wasser allerdings nur genießen, wenn die Mischung aus dem Gletscherfluss und dem der heißen Quellen optimal ist. Ich war schon dort und habe jämmerlich gefroren, weil das Wasser nur lauwarm war und es um mich herum noch Schnee hatte!

Aber so ist die Natur!

Wild campen habe ich inzwischen aufgegeben! Das erste Mal war 2009 im Sommer in den Westfjorden. Wir wollten eigentlich auf einen Camping-platz, aber der war bereits voll ausgebucht. Wir mussten am nächsten Tag auf die Fähre in der Nähe, es war bereits spät und wir waren müde. Nicht weit vom Campingplatz entfernt haben wir uns also in die Büsche geschla-gen. Ein Wohnmobil stand bereits ein paar Meter weiter. Wir schlugen gemütlich unsere Zelte auf und wollten gerade zum Strand aufbrechen, als jemand kam und zu schimpfen begann. Tatsächlich war der Mann sehr nett, als wir ihn auf Isländisch ansprachen. Er erklärte uns, dass wir unser Zelt in einem Naturschutzgebiet aufgeschlagen hatten und dass wild Cam-pen hier verboten sei.

Wir erklärten unsere Situation und meinten, dass dort drüben bereits ein Campingwagen stand. Der Parkaufseher ging dort klopfen und als er zu-rückkam, meinte er: „Die sind schon so betrunken, die können gar nicht mehr wegfahren!"

Er erlaubte uns, bis zum Morgen zu bleiben, meinte aber, dass um 8 Uhr sein Kollege zur Kontrolle käme und wir bis dahin fort sein sollten!

Ein andermal verhandelte ich mit einem Bauern, auf dessen Land wir uns ausversehen gestellt hatten (auf Island ist ja nicht alles eingezäunt und beschildert), aber er wollte trotz meiner Isländisch-Kenntnisse nichts da-von wissen, dass wir eine Nacht blieben. Das war allerdings auch 2012 und es waren haufenweise Touristen im Land, die leider auch überall viel Dreck hinterließen.

Inzwischen weiß ich, dass fast jedes Stück erreichbares Land entweder jemandem gehört oder Naturschutzgebiet ist, daher bin ich nicht mehr „wild" unterwegs, denn ich kann die Menschen verstehen, die ihre Natur und ihr Land schützen wollen!

Reisen/ Hot-Pots

Allgemein

Wo fängt man hier an zu schreiben und wo hört man auf? Dies soll kein gewöhnlicher Reiseführer sein, sondern etwas mit meinen persönlichen Reisen zu tun haben und ein paar schöne Tipps vermitteln, also werde ich hier ein paar Eindrücke schildern, die mir wichtig erscheinen.

Eine Reise um die Insel lohnt sich auf jeden Fall, aber wer nicht ganz so viel Zeit hat, sollte zumindest die Halbinseln Reykjanes und/oder Snæfellsnes besuchen. Reykjanes (beim Flughafen Keflavík) bietet bereits tolle vulkanisch aktive Gebiete und vielseitige Landschaft, so dass man bereits hier auf seine Kosten kommt. Snæfellsnes ist abwechslungsreich und wunderschön – und meist nicht allzu überfüllt, aber eben auch etwas länger zu fahren.

Reykjavík selbst ist malerisch und schön, aber mehr als einen Tag braucht man eigentlich nicht dafür, wenn man nicht in den Herzschlag der Stadt eintauchen möchte.

Sobald man aus der Hauptstadt hinaus ist, wird es einsam und diese Einsamkeit ist tatsächlich Teil der Insel. Man sollte sie genießen und mögen, denn es gibt auf Island viele Ortschaften, die aus nur einem Gehöft oder aus ein paar vereinzelten Häusern bestehen.

Einsamkeit. Wanderweg durch die Steinwüste (Laugavegur).

Kirche im „Nirgendwo".

In manchen Gegenden gibt es Kirchen, die gefühlt im „Nirgendwo" stehen. Sie können so von allen Dörfern ringsum erreicht werden, für die es allesamt nicht lohnt, einzelne Kirchen zu bauen.

Wasser gehört zu den wichtigsten Dingen, die man beim Reisen betrachtet und auch das sollte man lieben: Meer, Gewässer in allen Variationen, Wasserfälle, Wasserfälle, Wasserfälle... Geysire, heiße Quellen, Eis und Schnee, Fjorde, Hot-Pots – und nicht zu vergessen: Regen!

Die meisten Touristen kommen im Sommer. Das bedeutet auf Isländisch: zwischen dem 15. Mai und dem 15. August. Davor und danach kann es empfindlich kalt sein, aber auch Schnee haben. Ich habe allerdings Sommer erlebt, in denen z.B. die Passstraßen über die Insel bis Ende Juli wegen Schneefalls gesperrt blieben. Man sollte also auch im Sommer immer einen Plan B haben, wenn man nicht nur die Insel umrunden möchte.

Es lohnt sich, meiner Ansicht nach, auch im Winter nach Island zu gehen, nur sollte man dann keine von vornherein feste Reiseroute haben und flexibel auf Wetterwarnungen reagieren können. Diese sind WIRKLICH ernst zu nehmen und können Leben kosten, wenn sie nicht beachtet werden.

Die Farben im Winter, schwarze Lava und weißer Schnee, sind himmlisch. Und die Beleuchtung in den Ortschaften ist in den Wintermonaten besonders schön – sogar Friedhöfe haben Lichterketten!

Zudem gibt es Nordlichter nur während der kalten Jahreszeit!

Etwas sehr Isländisches sind die Torfdächer, die früher für alle Behausungen und heute noch immer zum Teil für Vorratshäuser und kleine Ställe genutzt werden. Im Freilichtmuseum in Reykjavík gibt es sie auch zu sehen, ansonsten sind die schönsten Exemplare im Norden.

Wasserfälle muss man nicht suchen, an denen fährt man eh ständig vorbei – und jeder lohnt sich auf seine Weise!

Gletscherlagune im Süden mit Gletscherzunge im Hintergrund.

Torfbauweise einer Hauswand.   Schotterstraße im Hochland.

Die Gletscherlagune im Süden ist einen Stopp wert und selbst wenn man nicht mit dem Boot hinaus möchte, kann man einen Spaziergang daran entlang oder zum schwarzen Strand machen. Die Eisschollen und Eisstücke, die darin schwimmen, sind wirklich ein einzigartiges Bild. Die Isländer behaupten außerdem, das Gletschereis sei das Beste für den Whiskey!

Zu den Papageientauchern habe ich ja bereits im vorherigen Kapitel geschrieben. Da sie so klein sind, finde ich persönlich sie weniger spektakulär, als man erwartet. Aber ein bisschen drollig sind sie natürlich schon, wenn man in ihre Nähe kommt.

Zu beachten, wenn man es eilig hat, wäre, dass man auf Island nirgends mehr als 80 km/h fahren darf und dass Strafzettel sehr teuer sind!

Und dann wären da natürlich die heißen Quellen! Auch sie existieren in wirklich jeglicher Form.

Die bekannteste ist der Geysir „Strokkur", bei dem es sich im Sommer lohnt, morgens oder abends, also vor oder nach dem Touristenstrom, zu kommen.

Die Blaue Lagune ist ebenfalls sehr bekannt und beliebt, allerdings wahnsinnig teuer und es gibt ähnliche Anlagen, die günstiger sind und weniger Gäste haben, wie zum Beispiel die Secret Lagoon.

Über die ganze Insel verteilt gibt es natürliche heiße/warme Quellen, sowie Hot-Pots. Manche davon befinden sich mitten in der Natur, andere im Schwimmbad oder am Strand, wie zum Beispiel in Reykjavík.

Wer grundsätzlich gern im Wasser sitzt, dem sei geraten, auf ganz Island immer mal wieder ein Schwimmbad aufzusuchen, denn diese sind fast immer im Freien und oft sehr originell!

Ansonsten gibt es sehr viele schöne heiße Quellen und vulkanisch aktive Gebiete, die man einfach nur anschauen kann. Das Tolle an diesen Gegenden ist, dass sie sich im Laufe der Zeit verändern. Bei manchen hatte ich durch meine Busreisen Besuche im Takt von 7-14 Tagen und sie sahen jedes Mal anders aus und neue Wege waren abgesteckt. Manche Gebiete werden auf viele Meter abgesperrt, wo man im Vorjahr noch direkt davor stand – oder umgekehrt! Eine sich ständig verändernde Welt voller Spannung!

Bleiben Sie bei Besuchen dieser Art bitte unbedingt auf den abgesteckten Pfaden: Verbrennungen mit dem kochend heißen Wasserdampf sind nicht zu empfehlen!

Alles, was sonst noch in Verbindung mit den heißen Quellen steht, lohnt ebenfalls einen Besuch. Zum Beispiel kann man sich Gewächshäuser ansehen, in denen Rosen gezüchtet- oder Südfrüchte kultiviert werden. Oder man macht einen Abstecher zum Kraftwerk vor der Hellisheiði, dem Pass in den Süden. Dort erfährt man Wissenswertes zur Energiegewinnung aus der vorhandenen Erdwärme und deren Verwendung für die Isländer im Alltag.

Natürlich gehören auch Erdbeben zum isländischen Alltag! Pro Tag gibt es auf der Insel im Durchschnitt 45 Erdbeben. Allerdings liegen die meisten unter der fühlbaren Grenze. Wenn aber ein Vulkan(gebiet) kurz vor dem Ausbruch steht, gibt es auch immer wieder Erdbeben, die auch spürbar sind.

Persönlich

Zum Reisen liebe ich den Winter, weil ich die Farben dann wirklich fantastisch finde. Allerdings traue ich mich dann nicht sehr weit von der Hauptstadt weg. Snæfellsnes oder Reykjanes sind für solche Winter-Ausflüge bestens geeignet und wunderschön, wenn ein wenig Schnee liegt und die Sonne scheint.

Was ich gleich zu Anfang gelernt habe auf Island, ist, dass man sich winddicht anziehen muss, denn der Wind ist wirklich eisig.

Als ich auf Island gelebt habe, gab es viele Orte, an denen nur wenige Touristen waren, doch bei meinem letzten Besuch war ich etwas schockiert, dass auch an diesen stillen Plätzchen plötzlich viel los war.

Auf dem Steg stand man einmal direkt an der Quelle.

Natürliche heiße Quelle in einer Höhle. Allerdings Badeverbot!

Zu meinen Lieblingsorten auf Island zählen alle Plätze, wo man gemütlich im heißen Wasser sitzen kann, sei es in der Natur oder im Schwimmbad. Außerdem liebe ich die Farben der Ostfjorde (für die man relativ viel Zeit braucht) und die Abwechslung der Halbinsel Snæfellsnes.

In Reykjavík bin ich gerne an den Stränden der Postleitzahl 107 oder 170 unterwegs oder am Ententeich neben dem Rathaus, wo auch immer etwas los ist – oder natürlich irgendwo im Schwimmbad.

Meine wichtigste Info für Island-Reisende: Zwiebelschalen-Klamotten-Look und IMMER den Wetterbericht anhören UND ernst nehmen!

Ansonsten: spontan bleiben und genießen, was kommt!

Wetter

Allgemein

Zum Wetter auf Island ist zu sagen, dass es alles gibt und manchmal auch alles an einem Tag!

Die Isländer sagen: „Wenn dir das Wetter nicht gefällt, dann warte 3 Minuten!" und oft haben sie recht damit. Die schnellen Wetterwechsel machen die Kleidungswahl oft schwierig: Zwiebelschalenmäßiges Anziehen ist gefragt – plus Rucksack für alles, was übrig ist!

Die schnellen Wetter-Veränderungen machen einige Probleme, wenn man sie nicht gewöhnt ist. Man stellt sich zum Beispiel mit Blick aus dem sonnigen Fenster morgens nicht darauf ein, dass es später stürmisch, regnerisch oder verschneit werden könnte. Auch die Straßen im Winter leiden unter dem Wechsel, denn oft hat man Schnee, Tauwetter und Frost alles an einem Tag, so dass die Straßen spiegelglatt werden und man es nicht einmal sieht! Die Streu- und Räumfahrzeuge kommen an solchen Tagen nicht hinterher, schon gar nicht auf den Landstraßen, wo es zudem noch immense Schneeverwehungen gibt. Als Autofahrer sollte man vor allem im Winter unbedingt den Wetterdienst ansehen und möglichst eine andere

Person darüber informieren, wo man hinfährt und wann man wieder-
kommt, falls man irgendwo stecken bleibt!

Im Süden gibt es gar nicht so viel Schnee, wie man meint. In Reykjavík
habe ich selten mehr als 20 cm erlebt, von den Schneewehen einmal abgesehen. Allerdings sind leider nicht alle Gehsteige beheizt (wie einem
manchmal suggeriert wird), so dass man durchaus irgendwo nasse Füße
bekommen kann oder es rutschig wird.

Auf Island ist es gefühlt immer kälter, als die angegebene Lufttemperatur,
denn der ständige Wind ist, vor allem im Winter, eisig! Im Süden sind die
tatsächlichen Temperaturen oft nur minimal unter 0°C, allerdings fühlt es
sich durch den Meereswind 10 Grad kälter an.

Die Isländer haben auch ein schönes Wort dafür: „Gluggaveður", übersetzt
„Fenster-Wetter": wenn es vom Fenster aus warm aussieht, aber trotzdem
eiskalt ist.

Höchsttemperaturen im Sommer können schon einmal so hoch werden,
dass man in kurzer Hose und T-Shirt rausgehen möchte, aber meist hält
auch das keinen Tag an.

Die schnellen Wetterwechsel machen allerdings auch Teil der Einzigartigkeit Islands aus. Durch die schnell wechselnden Stimmungen von tiefhän-
genden Regenwolken und durchbrechender Sonne, gibt es wirklich viele
Regenbögen auf Island, oft sogar doppelte, weil die Landschaft so schön
weit ist. Dieses spezielle Licht ist immer wieder auf Fotografien zu bewundern und selbst wenn ich es hier in Deutschland ähnlich erlebe, bleibt es
für mich eine „Island-Stimmung"!

Nordlichter! Ja, auch die gibt es auf Island, allerdings sind sie natürlich auf
dem Land und im Norden der Insel besser zu sehen, als in Reykjavík
selbst, wo das Licht der Stadt, wie bei den Sternen auch, die Sicht „ver-
schmutzt". Der isländische Wetterdienst hat eine eigene Homepage auf der
die Nordlichter-Wahrscheinlichkeit angesehen werden kann! Super!

Typische Island-Stimmungen.

Persönlich

Was mich persönlich an Islands Wetter am meisten gestört hat, war, dass außer dem Schwimmbad durch die Wetterbedingungen fast jeder Outdoor-Sport unmöglich wird. Selbst das banale Joggen-Gehen wird durch die Kombination von Wind, Regen und Eis oft eher zu einem Erlebnis, als zu einem gesunden Schwitzen.

Das Schwimmbad allerdings fand ich persönlich am schönsten, wenn es draußen so richtig kalt und wüst war. Während eines Schneesturms im warmen Wasser Bahnen zu ziehen ist ein tolles Erlebnis und den Sport ganz sicher wert.

Der ständige Wind ist mir hin und wieder auf die Nerven gegangen, aber das kennen die Menschen aus Deutschland, die am Meer leben, auch!

Ich hatte einige einprägsame Erlebnisse mit dem Wetter.

Als ich für die Post gearbeitet habe, haben wir zum Teil unsere Briefe und Zeitungen per Schlitten ausgetragen, wenn es mal wieder richtig viel Neuschnee oder dickes Eis hatte. Man kommt sich damit tatsächlich sehr nordisch vor!

In meinem ersten Arbeitsverhältnis in der Blumengroßhandlung gab es vor dem Ladengeschäft eine etwas steilere Auffahrt und die war eines Morgens so spiegelglatt gefroren, dass meine Kollegin und ich einfach nicht hochkamen, auch auf allen Vieren nicht! Wir riefen den Chef an, der schon seit 2 Stunden da war und nichts bemerkt hatte vom Kurzen Tau- und Frostwetter. Er musste von innerhalb des Ladens streuen, so dass wir und die Kundschaft überhaupt bis zur Eingangstür gelangen konnten.

Wenn auf Island Sturmwarnung ist, dann sollte man diese tatsächlich auch ernst nehmen! Während meiner Brief-Austräger-Arbeit hatten wir zweimal sturmbedingt einen Tag fast frei. Wir mussten zwar zum Sortieren kommen, konnten aber nicht austragen. Ich musste mich auf dem Weg zur Arbeit an der Ampel festhalten, sonst wäre ich auf die Straße geweht worden. An manch einem stürmischen Tag ist mein Postwagen, vollgefüllt mit über 10kg Post, einfach immer mal wieder ein Haus weiter gefahren. Da musste man dann aufpassen, in welche Richtung man austrägt, dass man nicht ständig den Wagen nachholen musste!

Snæfellsnes.

Schafe haben IMMER Vorfahrt!

Auch von der Universität bin ich meine 5 Minuten Fußweg einmal fast nicht nach Hause gekommen. Ich brauchte über eine halbe Stunde dafür und hielt mich an allem fest, was ich unterwegs fand. Vor meinen Augen wurden einem älteren Herrn einfach die Beine unter dem Hintern weggeweht, aber ich konnte ihm nicht zu Hilfe eilen, weil ich selbst nicht frei zu stehen vermochte!

Auf dem nicht allzu hohen Berg „Keilir" in der Nähe des Flughafens Keflavík konnten wir bei einer kleinen Wanderung nicht zum Gipfel aufsteigen, weil man selbst mit Hilfe der Hände am Boden einfach nicht mehr vorwärts kam. Der Wind auf der Ebene unten war dagegen eher mäßig! Man kann sich diese böigen Stürme nicht vorstellen, bis man sie selbst einmal erlebt hat!

Andererseits kann es auch immer mal wieder ein paar Stunden oder sogar mehrere Tage hintereinander recht warm werden. Das lustigste Erlebnis hierfür hatte ich mit einem meiner Touristen, der sich lauthals beschwerte, wie warm es auf Island sei und man habe ihm das verschwiegen, denn er habe nichts Kurzärmeliges im Gepäck und würde furchtbar schwitzen!

Abschied

Eigentlich ist das Wichtigste bereits in einem Text von 2017 gesagt, den ich als „Dank" hier anhänge.

Ich wusste von Anfang an, dass ich länger bleiben würde, aber ich wusste auch, dass es kein Für-Immer werden würde. Ich kann nicht sagen, woran das lag, denn ein Für-Immer ist durchaus möglich.

Manche Dinge habe ich auf Island schon sehr vermisst, darunter das gemütliche Sitzen unter Sternenhimmel oder am Sommer-Lagerfeuer mit Freunden oder auch Sport unter freiem Himmel. Ich wurde immer wieder gefragt, ob ich den Wald vermisst habe. Nein, der hat mir tatsächlich nicht gefehlt, obwohl ich täglich im Wald unterwegs bin, wenn er nah ist.

Gullfoss. Der goldene Wasserfall. Foto von Cs. Oppelt.

Dynjandi. Mein Liebling!   Dettifoss.

Andererseits gibt es auch viel Isländisches, das in Deutschland fehlt, vor allem die wahnsinnig praktischen Schwimmbäder und die unersetzlichen Hot-Pots im Freien! Es fehlen die vielen Regenbögen, der schwarze Humor, die Spontanität der Inselbewohner und die Rauheit der Natur. Island ist anders als Deutschland und ich weiß nicht, ob es schlau ist, Vergleiche anzustellen. Vielleicht sollte man es so stehen lassen in seinem Anderssein und genau das genießen, wenn man da ist, wo man ist!

Dank (ein Essay)

Jahrhunderte schon wurde Schönheit besungen, aber ist es auch immer schon das Äußere gewesen? Spielt nicht auch die Seele eine Rolle? Die innere Schönheit?

Als wir uns das erste Mal begegneten, zwischen dem wilden Ozean und stählernen Betongebäuden, als wir uns das erste Mal sahen, war ein seltsames Gefühl der Unschuld zwischen uns. Island und mir!

„Ich grüße dich!", sagte ich leise und fühlte mich erwartet.

Dann blies der Wind durch mein kurzes, blondes Haar und mich fröstelte. Ich weiß nicht wer von uns beiden die Unschuld in sich trug in diesem Augenblick: das Land, auf das ich trat – oder ich! Aber eines weiß ich sicher: das Land hielt mich umfangen, streichelte mir mit seinem frischen Atem über die Haut und hielt mich fest!

Es ließ mich nicht wieder los bis viele Jahre später!

Es war eine Unschuld, die nichts mit der Begleichung einer Schuld zu tun hatte, die nicht auf fehlendem Wissen basierte oder in sexuellem Kontext stand. Es war eine Art der Unschuld, welche eher einem Gefühl glich, als einer Tatsache. Man könnte sie vielleicht als eine emotionale Unschuld beschreiben, denn sie begründete sich in dem Wissen, dass das, was ich war und tat auch tatsächlich einen Wert besaß (und nicht von einer Zahl auf Papier bestimmt wurde, wie bisher). Eine Unschuld, die auf dem Glauben fußte, dass es das Gute in dieser Welt noch immer gibt und dass genau dieses Gute am Ende obsiegen würde. Eine Emotion, die auf Vertrauen aufgebaut war, die keiner Worte oder gemeinsamer Erlebnisse bedurfte, sondern aus einer Verbundenheit entstand, die zu erklären ich nicht imstande war, die aber vom ersten gemeinsamen Moment uneingeschränkt zwischen uns existierte.

Auf der Basis dieses gegenseitigen Gefühls begann ich mein Leben mit dir, meine Beziehung und auch meine Freundschaft. Sie prägte meine Reise und mein Abenteuer. Eigentlich ein geplantes Erlebnis mit vorgegebenen Zeiten und einem vorgeschriebenen Weg – aber wie so oft kam alles anders.

Vielleicht auch ist ein halbes Jahr eine zu kurze Zeit, jemanden wirklich kennen zu lernen, jemanden wirklich zu verstehen und auch, um verstanden zu werden. Ich wollte nicht wieder gehen! Ich konnte nicht! Meine Reise und mein Weg hatten sich verändert, mein Fortgehen war ein Fortbleiben geworden, das nötigste Urlaubsgepäck war jetzt das Nötigste zum Überleben. Meine Wanderung hatte sich von den Füßen in den Kopf verlagert und mit einem Mal veränderten sich nicht mehr die Gegenden, sondern die Horizonte, nicht mehr die Sprachen, sondern das Verstehen, und nicht mehr die Menschen um mich herum, sondern nur noch mein Gefühl ihnen gegenüber, mein Gefühl mir selbst gegenüber, das Gefühl für dich, als eine Art Heimat, mit jedem Schritt, den ich an deiner Seite tat, anstatt dich wieder zu verlassen!

Eine ganze Weile versuchte ich, dich zu verstehen, dir zuzuhören und in dir eine Art Muster zu erkennen, das dich vorhersehbar machte und in das ich mein eigenes Leben hätte einflechten können, aber deine Stimme war zu rau, dich zu verstehen und deine Gesten zu ungestüm, länger in deiner Natur auszuharren, so dass ich mich zurückziehen musste und begann, dich aus der Ferne zu beobachten und aus dieser sicheren Entfernung deine Kälte zu ermessen und dein Temperament einzuschätzen, bis ich sicher sein konnte, in deiner Gegenwart zu überleben. Goldene Augenblicke in wunderschönsten Zügen, gefolgt von harschen Gezeiten, die man weder lieben noch hassen konnte, weil sie ursprünglicher nicht hätten sein können! Man musste dich nehmen, wie du warst, denn eine andere Möglichkeit brachte einen nur dazu, dich zu verkennen oder zu verleumden. Es war nicht deine Schuld, nein, es war eher deine Unschuld, dich nach dem zu richten, was um dich herum geschah, spontan und unbeherrscht – und genau das verlangtest du auch von denen, die ihr Leben mit dir teilten: Das Beste aus dem zu machen, das ihnen gegenüberstand!

Ich verlor mich in deinen ständigen Wüsten, in der Einsamkeit schwarzer Strände, die dem Auge des Wanderers untrüglich das Gefühl gaben, niemals an ein Ende zu gelangen und dadurch immer wieder erneut an seine eigenen Grenzen zu stoßen. Ich ging verloren in den ständig bemoosten Steinlandschaften, deren Tiefen nicht ergründbar waren, weil man sich ihnen in einer Ehrfurcht nähern musste, die es nicht gebot, sie zu erforschen oder ihnen auch nur eine Hand zu reichen. Dein Reich allein!

An den wilden Winden verzweifelte ich, an den ständigen Stürmen deines

Daseins und an den dauernd anhaltenden Böen, die als Begleiter deines Lebenspulses, deiner Bewegungen, deiner Tage und Nächte immer um mich waren. Ich musste manchmal innehalten in allem, was ich tat, wollte nur ein einziges Mal kurz durchatmen dürfen, ohne den Wind im Nacken zu haben und ohne mich gegen den Sturm stemmen zu müssen, eine kleine Pause, eine Sekunde Ruhe nur, aber du triebst mich unerbittlich weiter, ließest mich weiter kämpfen, heulen und fluchen – es war dir egal! Und mich hat es verändert!

Manchmal, ja, da warst du schön! Wunderschön! Manchmal verschlug es mir den Atem in den Augenblicken, da du es wagtest, kurz inne zu halten und der Sonne ins Gesicht zu sehen, Regenbogen an deinen Horizont zu zaubern oder dich in tiefster, schneebedeckter Nachtlandschaft in einem Nordlicht zu ergießen. Aber es hielt nie an, es war keine Dauer in deinem Blühen, keine Beständigkeit in deinem kurzen Glitzern, du hattest immer schon deinen eigenen Rhythmus und niemand konnte über dich bestimmen. Deine Unberechenbarkeit forderte ständigen Einsatz und hin und wieder ein Leben, doch belohntest du reichlich, wenn man es wagte, sich dir hinzugeben. Vielleicht war es auch nur das, was du wolltest: völlige Hingabe und ein klein wenig Verständnis, dass du eben so warst und man dich so lieben musste – ja, nicht anders konnte – dass man seinen eigenen Wert in deinen Temperamenten messen lernte: Stolz!

Ich versuchte, dich zu ergründen, doch das, was am Ende übrig blieb, war nur ein besseres Verständnis mir selbst gegenüber. Ich hatte nie erfassen können, was deine Geheimnisse verhüllten, aber ich hatte gelernt, zu erspüren, wie ich mich in deiner Verschiedenheit fühlte. Ich hatte gelernt, auf das zu hören, was ich selbst sprach, wie ich mich selbst bewegte, wie ich lebte und erlebte, wenn ich in deinem Leben unterwegs war. Ich hatte meine Unschuld verloren, wie du auch deine, aber anders. Du vergrubst deine Unschuld in einem deiner tiefen, moosbedeckten Höhlen, für später aufgehoben, um den Menschen in einer Zeit der Krise zur Seite zu stehen, um ihnen Stütze zu sein und ihr Dasein zu erhalten. Es war Teil deines Lebens.

Ich aber hatte eine Unschuld in deinem Beisein gelassen, die ich nicht vermisste. Ich konnte noch immer an das Gute glauben, aber es hatte sich ein klein wenig verändert: es hatte mir gezeigt, dass das Gute an sich nicht existiert, sondern dass man dafür arbeiten muss und dass es anstrengend ist, es zu erhalten – auch in sich selbst! Ich hatte gelernt, ein Leben zu führen und nicht nur gelebt zu werden, mich zu behaupten gegen die Stürme des Lebens, der Hitze und der Kälte meines Daseins zu trotzen, mich nicht zu verlieren in den Einsamkeiten meines Selbst und der Welt, aber auch, die schönen Augenblicke zu genießen, solange sie währten und Schönheit nicht mehr nur dort zu suchen, wo sie vom ersten Augenblick an sichtbar war. Ich hatte gelernt, stolz zu sein auf das, was ich war!

Und wenn ich heute an dich denke, dann habe ich ein klein wenig Heimweh, aber ich fühle mich frei – und leise flüstere ich ein paar Worte in den Wind, als könntest du mich hören – und laut spreche ich aus, was ich lange schon zu sagen gedachte:

„Ich danke dir, wunderschönes Island. Ich danke dir!"
„Ég þakka þér kærlega fyrir!"

Danksagung

In tiefster Verbundenheit all jenen, die dieses Buch ermöglicht haben, indem sie direkt oder indirekt dazu beigetragen haben, dass ich diesen Lebensabschnitt erleben durfte und ausleben konnte.

Auch all jenen, die mir die Zeit, den Mut und die Energie geben konnten, diese Zeilen und Bilder zu Papier zu tragen.

Und all jenen, die noch immer die Liebe zu diesem Land in sich tragen und sie begeistert immer wieder mit mir zu teilen vermögen!

Takk fyrir mig!

Quellenverzeichnis und Bildnachweis

Alle Fotos, bis auf die beiden extra gekennzeichneten, stammen aus eigener Hand.

Es wurden ausschließlich Erinnerungen als Quellen genutzt und die mögen nicht immer 100% akkurat sein, auch wenn ich dies auf jeden Fall beabsichtigte.

Wünsche, Anregungen, Lob und all Sonstiges darf gerne an mich weiter getragen werden unter: **diebesteloesung@gmail.com**